essentials

Essentials liefern aktuelles Wissen in konzentrierter Form. Die Essenz dessen, worauf es als „State-of-the-Art“ in der gegenwärtigen Fachdiskussion oder in der Praxis ankommt. *Essentials* informieren schnell, unkompliziert und verständlich

- als Einführung in ein aktuelles Thema aus Ihrem Fachgebiet
- als Einstieg in ein für Sie noch unbekanntes Themenfeld
- als Einblick, um zum Thema mitreden zu können

Die Bücher in elektronischer und gedruckter Form bringen das Fachwissen von Springerautor*innen kompakt zur Darstellung. Sie sind besonders für die Nutzung als eBook auf Tablet-PCs, eBook-Readern und Smartphones geeignet. *Essentials* sind Wissensbausteine aus den Wirtschafts-, Sozial- und Geisteswissenschaften, aus Technik und Naturwissenschaften sowie aus Medizin, Psychologie und Gesundheitsberufen. Von renommierten Autor*innen aller Springer-Verlagsmarken.

Marco Süß

Patente strategisch nutzen

Ein Einstieg für Ingenieure und Gründer

Springer Gabler

Marco Süß
Neunburg vorm Wald, Deutschland

ISSN 2197-6708 ISSN 2197-6716 (electronic)
essentials
ISBN 978-3-658-52848-5 ISBN 978-3-658-52849-2 (eBook)
https://doi.org/10.1007/978-3-658-52849-2

Die Deutsche Nationalbibliothek verzeichnet diese Publikation in der Deutschen Nationalbibliografie; detaillierte bibliografische Daten sind im Internet über https://portal.dnb.de abrufbar.

Planung/Lektorat: Catarina Gomes de Almeida
Springer Gabler ist ein Imprint der eingetragenen Gesellschaft Springer Fachmedien Wiesbaden GmbH und ist ein Teil von Springer Nature.
Die Anschrift der Gesellschaft ist: Abraham-Lincoln-Str. 46, 65189 Wiesbaden, Germany

Was Sie in diesem *essential* finden können:

- Ein strategisches Umdenken – Warum Patente keine Rechtsfrage sind, sondern eine Managemententscheidung und was das konkret für Ihr Unternehmen bedeutet.
- Ein Werkzeugkasten für Nicht-Juristen – Wie Sie die Patentdatenbanken als kostenlose Technologie-Intelligence nutzen, Patentschrift lesen und Wettbewerbertrends frühzeitig erkennen können.
- Ein Timing-Modell für den Innovationsprozess – Warum im Entwicklungszyklus welche IP-Entscheidungen getroffen werden müssen, und warum der häufigste Fehler kein Rechtsfehler ist, sondern ein Timing-Fehler.
- Konkrete Handlungsgrundlagen für KMU und Start-ups – von der Kostenwirklichkeit einer Patentanmeldung über typische Denkfehler bis hin zu einem strukturierten Briefing – ein Leitfaden für die Zusammenarbeit mit Patentanwälten.
- Eine IP-Strategie-Logik in vier Zielsetzungen – Abschrecken, Blockieren, Lizenzieren, Exit: Wie aus Einzelpatenten ein kohärentes Portfolio wird, das unternehmerische Entscheidungen ermöglicht, statt nur Optionen zu beschreiben.

Vorwort

Dieses Buch entstand aus einer einfachen Beobachtung: In vielen technologieorientierten Unternehmen – von Start-ups über mittelständische Unternehmen bis hin zu forschungsnahen Gründungen – werden Patente als juristisches Thema behandelt und entsprechend an Rechtsabteilungen oder externe Kanzleien delegiert. Die strategischen Entscheidungen, die mit Schutzrechten verbunden sind, fallen damit häufig ohne die inhaltliche Beteiligung derjenigen, die die Technologie am besten verstehen: der Ingenieure,[1] die sie entwickeln, und der Gründer, die ein Geschäftsmodell darauf aufbauen.

Dieses Essential möchte diese Lücke schließen. Es richtet sich bewusst nicht an Patentjuristen, sondern an technisch geprägte Entscheider, die verstehen wollen, warum Patente eine Managementaufgabe sind – und wie sie die Zusammenarbeit mit Patentfachleuten produktiv gestalten können. Dabei erhebt es nicht den Anspruch, juristische Expertise zu ersetzen. Es soll vielmehr die Grundlage schaffen, auf der informierte strategische Entscheidungen möglich werden.

Was dieses Essential von bestehenden Darstellungen unterscheidet, ist die konsequente Perspektive aus der Innovations- und Entwicklungspraxis. Während Standardwerke zum Patentmanagement primär aus der Managementforschung argumentieren und Patentrechtslehrbücher die juristische Systematik in den Vordergrund stellen, verbindet dieses Buch beide Perspektiven mit der konkreten Frage: Was muss ein Ingenieur oder ein Gründer über Patente wissen, um im Innovationsprozess die richtigen Entscheidungen zur richtigen Zeit zu treffen?

[1] Zur besseren Lesbarkeit und Vereinfachung des Sprachduktus wird in diesem Buch das generische Maskulinum verwendet. Dabei sind stets alle geschlechtlichen Identitäten mitgemeint.

Jedes Kapitel schließt mit fünf zugespitzten Thesen, die zum Weiterdenken und zum Widerspruch einladen. Denn Patentdenken ist keine Disziplin, die man auswendig lernt – es ist eine Haltung, die sich im Umgang mit konkreten Entscheidungssituationen entwickelt.

Marco Süß

Interessenskonflikt Der/die Autor*in hat keine relevanten Interessenskonflikte im Zusammenhang mit dieser Publikation.

Inhaltsverzeichnis

1 Einleitung

Dieses *Essential* bietet Ingenieuren, Gründern sowie technisch geprägten Entscheidern einen kompakten, praxisnahen Einstieg in das strategische Denken rund um Patente. Es zeigt, warum Patente keine juristische Formalität, sondern ein Managementinstrument sind, und führt durch die strategisch relevanten Phasen des Innovationsprozesses.

Patente werden in vielen Unternehmen noch immer als rein juristisches Thema betrachtet – mit der Folge, dass ihr strategisches Potenzial weitgehend ungenutzt bleibt. Dieses Essential bietet einen kompakten, praxisnahen Einstieg in das strategische Denken rund um Patente – ohne ein Jurastudium vorauszusetzen, aber mit dem Anspruch auf fachliche Substanz.

Das Buch folgt einer klaren Logik: Es beginnt mit der Frage, warum Patente überhaupt mehr sind als Rechtstexte, erklärt ihre Funktionsweise jenseits des Gesetzestextes und führt dann durch die strategisch relevanten Phasen – von der Idee über den Innovationsprozess bis zur Zusammenarbeit mit Patentfachleuten. Jedes Kapitel schließt mit fünf zugespitzten Thesen, die zum Weiterdenken einladen.

M. Süß, *Patente strategisch nutzen*, essentials,
https://doi.org/10.1007/978-3-658-52849-2_1

2 Warum Patente kein juristisches Thema sind

In vielen Unternehmen werden Patente noch immer primär als juristische Schutzrechte verstanden – als formale Instrumente, die von der Rechtsabteilung oder einem externen Patentanwalt eingesetzt werden, wenn eine Erfindung geschützt werden soll. Diese Sichtweise greift jedoch deutlich zu kurz. Tatsächlich sind Patente weit mehr als rechtliche Dokumente: Sie fungieren zugleich als wirtschaftliche Vermögenswerte, als Informationsquellen über technologische Entwicklungen und als strategische Instrumente, mit denen Unternehmen ihre Position in einem Markt aktiv gestalten können.

Patente beeinflussen damit nicht nur, ob eine Technologie geschützt ist, sondern auch *wie* sich technologische Entwicklungspfade und Wettbewerbsdynamiken in einem Markt entfalten. Durch gezielte Patentstrategien können Unternehmen technologische Felder absichern, Wettbewerber in bestimmten Bereichen einschränken oder Standards mitprägen. In der Innovations- und Managementforschung ist seit langem bekannt, dass Patente integraler Bestandteil der Unternehmensstrategie sind und nicht lediglich ein nachgelagerter juristischer Prozess (Teece 1986; Granstrand 1999).

Aktuellere Studien bestätigen diese Einschätzung: Die strategische Entscheidung zwischen Patentierung, Veröffentlichung einer Idee ohne Patent und Geheimhaltung – das sogenannte Patent Management Trichotomy – wird in technologieorientierten Unternehmen zunehmend als Managemententscheidung auf Geschäftsführungsebene verstanden, nicht als operative Aufgabe der Rechtsabteilung (Holgersson und Wallin 2017). Empirische Erhebungen zeigen zudem, dass Unternehmen Patente für sehr unterschiedliche strategische Zwecke einsetzen – von der Abschreckung über die Verhandlungsführung bis zur Reputationssignalisierung – und dass die Wahl der Aneignungsstrategie stark von Branche, Unternehmensgröße und Geschäftsmodell abhängt (Blind et al. 2006; Cohen et al. 2000).

M. Süß, *Patente strategisch nutzen*, essentials,
https://doi.org/10.1007/978-3-658-52849-2_2

Die Konsequenzen einer rein juristischen Perspektive auf Patente können erheblich sein. Wenn Patententscheidungen vorwiegend an Rechtsabteilungen delegiert werden, werden damit implizit auch strategische Weichenstellungen ausgelagert: Welche Technologien sind für das Unternehmen langfristig relevant? Welche technologischen Felder sollen aktiv besetzt werden? Wo lohnt sich eine breite Absicherung, und wo ist es sinnvoll, bewusst Freiräume zu lassen? Solche Fragen betreffen die technologische Ausrichtung und die Wettbewerbsstrategie eines Unternehmens und können daher nicht allein auf Grundlage juristischer Kriterien beantwortet werden.

Eine wirksame Patentstrategie erfordert vielmehr das Zusammenspiel von technischem Verständnis, Marktkenntnis und unternehmerischer Weitsicht. Erst wenn Patente als Bestandteil der Innovations- und Geschäftsstrategie verstanden werden, können Unternehmen ihr volles Potenzial als Instrument zur Sicherung und Gestaltung technologischer Wettbewerbspositionen nutzen (Somaya 2012; Reitzig 2004).

2.1 Typische Fehlannahmen in Unternehmen

Eine der häufigsten Fehlannahmen im Umgang mit Patenten ist die Vorstellung, sie seien kompliziert oder im operativen Alltag von Unternehmen kaum relevant. Diese Haltung ist nachvollziehbar: Entwicklungsabteilungen, Start-ups und technologieorientierte KMU sind in erster Linie mit konkreten technischen Problemen, kurzen Entwicklungszyklen und Markteinführungen beschäftigt. Vor diesem Hintergrund erscheinen Patente häufig als abstrakte juristische Konstrukte, deren Nutzen erst in ferner Zukunft sichtbar wird. Genau diese Wahrnehmung kann jedoch problematisch sein. Das Patentsystem basiert auf dem Prinzip der **Neuheit:** Eine Erfindung kann nur dann geschützt werden, wenn sie zum Zeitpunkt der Anmeldung noch nicht öffentlich zugänglich ist. Wird eine technische Lösung zuvor etwa durch Publikationen, Präsentationen auf Messen oder durch eigene Produktveröffentlichungen bekannt gemacht, kann eine spätere Anmeldung in der Regel nicht mehr erfolgen (§ 3 PatG). Versäumte Anmeldungen lassen sich daher in vielen Fällen nicht nachholen, wodurch potenzielle Schutz- und Verwertungsoptionen dauerhaft verloren gehen.

Eine weitere verbreitete Fehlannahme besteht in der Gleichsetzung von Patenten mit reiner Absicherung. In dieser Perspektive werden Patente vor allem als defensive Instrumente verstanden – vergleichbar mit einer Versicherung, die Kosten verursacht, deren Nutzen aber nur im Konfliktfall sichtbar wird. Eine solche Sichtweise unterschätzt jedoch die strategische Bedeutung von Patenten im Innovationswettbewerb. In der innovationsökonomischen Literatur werden Patente als zentrale Mechanismen der Aneignung von Innovationserträgen beschrieben, die Unternehmen ermöglichen, aus technologischen Entwicklungen wirtschaftlichen Nutzen zu ziehen. Darüber hinaus können Patentportfolios gezielt eingesetzt werden, um technologische Positionen zu sichern, Verhandlungsmacht in Kooperationen oder Lizenzverhandlungen aufzubauen und Wettbewerbsspielräume zu strukturieren. Auch empirische Studien zeigen, dass Patente häufig nicht primär zur gerichtlichen Durchsetzung genutzt werden, sondern als strategische Assets dienen, etwa zur Unterstützung von Kooperationen, zur Absicherung von Marktpositionen oder zur Signalisierung technologischer Kompetenz gegenüber Investoren (Teece 1986; Granstrand 1999; Reitzig 2004; Somaya 2012).

Besonders in kleinen und mittleren Unternehmen (KMU) findet sich zudem häufig die Annahme, Patente seien vor allem ein Instrument großer Konzerne mit umfangreichen Rechts- und Patentabteilungen. Tatsächlich verfügen große Unternehmen oft über umfangreiche Patentportfolios, doch bedeutet dies nicht, dass Schutzrechte für kleinere Unternehmen weniger relevant wären. Im Gegenteil: Gerade technologieorientierte KMU verfügen häufig über hochspezialisierte Kernkompetenzen, bei denen einzelne Schlüsseltechnologien den zentralen Wettbewerbsvorteil darstellen. In solchen Fällen können gezielt eingesetzte Patente dazu beitragen, diese Kompetenzen zu sichern, Markteintrittsbarrieren aufzubauen oder Kooperationen mit größeren Partnern auf Augenhöhe zu ermöglichen (Granstrand 1999; Somaya 2012). Die entscheidende Frage ist daher weniger, ob ein Unternehmen „groß genug" für Patente ist. Vielmehr stellt sich die strategische Frage, ob ein Unternehmen es sich leisten kann, auf die Handlungsoptionen zu verzichten, die durch systematisch aufgebaute Schutzrechte entstehen.

2.2 Warum „wir kümmern uns später darum" fast immer falsch ist

Patente sind eng mit dem Zeitpunkt der Offenbarung einer technischen Lösung verbunden. Eine zentrale Voraussetzung für die Patentierbarkeit ist die Neuheit der Erfindung: Sie darf vor dem Anmeldetag nicht zum Stand der Technik gehören. Wird eine technische Lösung bereits zuvor öffentlich zugänglich gemacht – etwa durch wissenschaftliche Veröffentlichungen, Präsentationen auf Konferenzen oder Messen, durch Marketingmaterial oder sogar durch den Verkauf eines Produkts – gilt sie in der Regel als vorveröffentlicht und kann nicht mehr wirksam patentiert werden. Im europäischen Patentrecht ist dieses Prinzip besonders strikt ausgestaltet. Nach § 3 PatG des Patentgesetzes und Art. 54 des Europäisches Patentübereinkommen (EPÜ) gehört alles zum Stand der Technik, was vor dem Anmeldetag der Öffentlichkeit mündlich oder schriftlich zugänglich gemacht worden ist. Eine Neuheitsschonfrist existiert im europäischen System nur in sehr engen

Ausnahmefällen nach Art. 55 EPÜ, etwa wenn eine Offenbarung auf einen offensichtlichen Geheimnisverrat zurückzuführen ist.

Demgegenüber sieht das US-amerikanische Patentrecht eine deutlich großzügigere Regelung vor. Nach dem amerikanischen Patentrecht (Leahy–Smith America Invents Act 2011) besteht eine zwölfmonatige sogenannte *„grace period"*, innerhalb derer eigene Offenbarungen des Erfinders unter bestimmten Umständen unschädlich für die spätere Patentanmeldung bleiben können. Diese Unterschiede führen dazu, dass im europäischen und insbesondere im deutschen Innovationskontext besondere Vorsicht geboten ist: Eine einmal öffentlich gemachte technische Lösung lässt sich in der Regel nicht mehr nachträglich patentieren. Für Unternehmen bedeutet dies, dass Patentüberlegungen häufig bereits vor Publikationen, Messeauftritten oder Markteinführungen angestellt werden müssen (European Patent Office 2024a).

Neben der Frage der Neuheit spielt auch die zeitliche Dimension des Patentverfahrens selbst eine wichtige Rolle. Zwischen der Einreichung einer Patentanmeldung und der endgültigen Erteilung eines Patents können mehrere Jahre liegen. Beim Deutsches Patent- und Markenamt (DPMA) beträgt die durchschnittliche Verfahrensdauer typischerweise etwa drei bis vier Jahre, während auch beim European Patent Office (EPA) vergleichbare Zeiträume üblich sind. In dieser Phase wird die Anmeldung geprüft, gegebenenfalls geändert, und schließlich erteilt oder zurückgewiesen.

Internationale Anmeldestrategien können diesen Zeitraum teilweise strategisch nutzen. Über das internationale Anmeldesystem des Patent Cooperation Treaty (PCT), verwaltet von der World Intellectual Property Organization (WIPO), lässt sich nach der Anmeldung des Patents die Entscheidung über nationale oder regionale Patentanmeldungen um bis zu 30 Monate hinauszögern. Diese zusätzliche Zeit kann Unternehmen helfen, technologische Entwicklungen weiter zu evaluieren, Marktpotenziale abzuschätzen oder Investoren zu gewinnen. Allerdings beginnt auch diese Frist mit der ersten Prioritätsanmeldung zu laufen. Strategisches Patentmanagement erfordert daher eine vorausschauende Planung: Die entscheidenden Weichen werden häufig lange gestellt, bevor ein Produkt tatsächlich auf den Markt kommt (Granstrand 1999; Somaya 2012).

2.3 Patente als Management- und Strategieinstrumente

Wenn Patente nicht primär als juristische Formalität, sondern als strategisches Instrument verstanden werden, verändert sich ihr Stellenwert im Unternehmen grundlegend. Sie werden zu einem Mittel, mit dem technologische Kompetenzen wirtschaftlich nutzbar gemacht, Investitionen abgesichert und Handlungsspielräume im Wettbewerb erweitert werden können. In der Innovationsökonomie werden Patente daher häufig als zentrale Mechanismen zur **Aneignung von Innovationserträgen** beschrieben: Sie ermöglichen es Unternehmen, den wirtschaftlichen Nutzen technologischer Entwicklungen teilweise zu kontrollieren und gegenüber Wettbewerbern zu verteidigen. In diesem Sinne schaffen Patente strategische Optionen. Dazu gehören etwa Lizenzmodelle, Technologiepartnerschaften, Cross-Licensing-Vereinbarungen oder die gezielte Monetarisierung von Technologien, die ein Unternehmen selbst nicht weiterentwickeln möchte (Teece 1986; Granstrand 1999; Somaya 2012; Blind et al. 2006).

Auch in Unternehmensfinanzierungen und Exit-Szenarien spielt geistiges Eigentum eine wichtige Rolle. Besonders bei technologieorientierten Start-ups kann ein konsistentes Patentportfolio ein zentraler Bestandteil der Unternehmensbewertung sein. Investoren betrachten Patente häufig als Indikator für die technologische Substanz eines Unternehmens und für seine Fähigkeit, Innovationen wirtschaftlich zu verwerten. Entsprechend werden Schutzrechte im Rahmen von Due-Diligence-Prüfungen detailliert analysiert: Welche Patente existieren, wie breit ist ihr Schutzbereich, in welchen Märkten gelten sie, und wie lange läuft ihre Schutzdauer noch? Ein fehlendes oder schwach aufgebautes Schutzrechtsportfolio lässt sich in dieser Phase nur schwer kompensieren, da Patente an konkrete technische Entwicklungen und frühere Anmeldedaten gebunden sind (Reitzig 2004; Graham et al. 2009; Somaya 2012; Hall 2019).

Darüber hinaus erfüllen Patente eine wichtige **Signalfunktion** im Innovationssystem. Ein aktives Patentportfolio kann gegenüber Wettbewerbern, potenziellen Kooperationspartnern, Kunden und Kapitalgebern anzeigen, dass ein Unternehmen über relevante technologische Kompetenzen verfügt und bereit ist, diese systematisch zu entwickeln und zu schützen. In der Forschung wird die Signalfunktion von Patenten insbesondere bei jungen Technologieunternehmen betont, da Patente die Unsicherheit über die Qualität und den Wert neuartiger Technologien verringern und dadurch potenzielle Kapitalgeber verstärkt zu Investitionen motivieren können. Damit beeinflussen Schutzrechte nicht nur rechtliche Positionen, sondern auch Wahrnehmungen im Markt – und damit häufig auch die Ausgangsposition in Verhandlungen über Kooperationen, Investitionen oder Lizenzvereinbarungen (Graham et al. 2009; Czarnitzki et al. 2014).

Ein Blick auf die größten Patentanmelder Deutschlands verdeutlicht den strategischen Stellenwert von Patenten. Unternehmen wie Bosch, Siemens, Bayer oder BASF melden jährlich mehrere tausend Patente an. Diese Volumina entstehen nicht durch Zufall oder durch die Initiative einzelner Erfinder, sondern durch systematische Patentstrategien, die auf Vorstandsebene verankert sind und als integraler Bestandteil der Technologie- und Wettbewerbsstrategie gesteuert werden. Wenn ein Automobilzulieferer entscheidet, ein gesamtes Technologiefeld rund um die Elektromobilität mit Schutzrechten zu belegen, ist das keine juristische Entscheidung. Es ist eine unternehmerische Weichenstellung, die F&E-Budgets, Kooperationsstrategien und Marktpositionierung auf Jahre hinaus beeinflusst (Granstrand 1999; Rezig 2004; Blind et al. 2006; Somaya 2012).

Fünf Thesen zu Kap. 2

1. Wer Patente delegiert, delegiert seine Wettbewerbsstrategie. Die Rechtsabteilung kann Schutzrechte formulieren – entscheiden, was schützenswert ist, kann nur das Unternehmen selbst.
2. Der Wert eines Patents entsteht nie vor Gericht, fast immer im Markt. Abschreckung, Positionierung und Verhandlungsmacht wirken lange bevor ein Anwalt eingeschaltet wird.
3. Das beste Patent nützt nichts, wenn es sechs Monate zu spät kommt. Timing ist die einzige Dimension, die sich nach der Offenbarung nicht mehr korrigieren lässt.
4. Ein einzelnes Patent schützt. Ein Portfolio schließt aus. Wettbewerbsvorteile entstehen nicht durch isolierte Anmeldungen, sondern durch abgestimmte Schutzrechte, die Felder strukturieren.
5. Nicht zu patentieren ist eine strategische Entscheidung – aber nur, wenn sie bewusst getroffen wird. Wer diese Frage nie stellt, entscheidet nicht – er überlässt dem Zufall, was andere systematisch gestalten.

3 Was ein Patent wirklich ist – jenseits des Gesetzestextes

Juristisch betrachtet stellt ein Patent ein auf Zeit befristetes **Ausschließlichkeitsrecht** dar, das ab dem Anmeldetag für maximal 20 Jahre gilt (Art. 63 EPÜ; § 16 PatG). Es erlaubt dem Inhaber, Dritten die gewerbliche Nutzung der patentierten Erfindung zu untersagen. Patente erfüllen neben der rein juristischen Funktion vier zentrale Funktionen im Innovationssystem:

- **Anreizfunktion:** Patente sollen Erfinder und Unternehmen motivieren, in Forschung und Entwicklung zu investieren, indem sie ihnen ein zeitlich begrenztes Ausschließlichkeitsrecht gewähren und so die Amortisierung der der Forschungs- und Entwicklungskosten ermöglichen (Monopol auf Zeit) (Arrow 1962; Nordhaus 1996).
- **Offenbarungsfunktion:** Im Gegenzug für den Schutz muss die Erfindung vollständig und nachvollziehbar offengelegt werden. Das Wissen wird damit der Öffentlichkeit zugänglich gemacht und fördert den technischen Fortschritt (Machlup 1958; Hall und Harhoff 2012).
- **Transferfunktion:** Patente schaffen handelbare Schutzrechte, die lizenziert, verkauft, oder als Sicherheit eingesetzt werden können. Sie erleichtern den Technologietranfer zwischen Unternehmen, Forschungseinrichtungen und Märkten (Teece 1986; Arora et al. 2001).
- **Koordinierungsfunktion:** Das Patentsystem signalisiert der Öffentlichkeit, in welchen technischen Bereichen aktiv geforscht wird. Es hilft, Doppelforschung zu reduzieren und Ressourcen effizienter zu allokieren (Kitch 1977).

M. Süß, *Patente strategisch nutzen*, essentials,
https://doi.org/10.1007/978-3-658-52849-2_3

Über die vier zentralen Funktionen und über die rechtliche Dimension hinaus erfüllen Patente jedoch vor allem strategische Funktionen im technologischen und wirtschaftlichen Umfeld. Sie markieren, wer eine bestimmte Technologie beansprucht, welche technologischen Entwicklungsrichtungen ein Unternehmen verfolgt und welche Felder besetzt oder bewusst freigehalten werden (Granstrand 1999; Blind et al. 2006; Somaya 2012).

3.1 Das Patent als Informationsquelle

Eine der oft unterschätzten Funktionen von Patenten ist ihre Rolle als Informationsquelle. Jedes Patentdokument enthält eine detaillierte Beschreibung einer technischen Lösung, häufig lange bevor das entsprechende Produkt auf den Markt kommt (OECD 2009). Patentanmeldungen werden beim Europäischen Patentamt (EPA) und beim Deutschen Patent- und Markenamt (DPMA) 18 Monate nach dem Prioritätstag veröffentlicht. Dadurch ermöglicht die systematische Beobachtung von Patentdatenbanken einen frühen Einblick in Technologien, die (oft) noch nicht kommerzialisiert sind, aber in den kommenden Jahren den Markt prägen könnten (Harhoff et al. 2003).

Für Ingenieure und technologische Entwickler ist dieser Zugang besonders wertvoll. Die technische Beschreibung in einer Patentschrift ist häufig präziser und vollständiger als in wissenschaftlichen Publikationen, da die Anmelder verpflichtet sind, die Erfindung vollständig offenzulegen, damit das Schutzrecht wirksam wird. Diese Offenlegungspflicht stellt den gesellschaftlichen Gegenwert für das zeitlich begrenzte Monopol dar.

Freie Patentdatenbanken erleichtern heute den breiten und kostenfreien Zugriff auf diese Informationen. Beispiele sind:

- **DEPATISnet (DPMA):** Deutsche und internationale Patente mit hoher Detailtiefe,
- **Espacenet (EPA):** Über 140 Millionen Patentdokumente weltweit,
- **PATENTSCOPE (WIPO):** Internationale PCT-Anmeldungen,
- **Google Patents:** Vereinfachter Einstieg durch intuitive Suchoberfläche und Verknüpfung mit wissenschaftlichen Publikationen.

Durch die Nutzung dieser Datenbanken können Unternehmen Forschungstrends frühzeitig erkennen, Innovationsstrategien ableiten und Technologierisiken besser einschätzen, noch bevor Produkte den Markt erreichen (Jaffe und Trajtenberg 2022).

Die rasante Entwicklung KI-gestützter Analysewerkzeuge erweitert die Möglichkeiten der Patentinformation zusätzlich. Moderne Systeme ermöglichen semantische Suchen auf Basis natürlichsprachiger Anfragen, automatisierte Technologiecluster-Analysen sowie die Erstellung von Patentlandkarten (Patent Landscape), deren manuelle Erarbeitung kaum praktikabel wäre. Für Ingenieure eröffnen diese Werkzeuge einen Zugang zu belastbaren Erstorientierungen über relevante Technologiefelder und Wettbewerbsaktivitäten – auch ohne vertiefende Kenntnisse der Patentrecherche.

3.2 Das Patent als Marktbarriere

Als Marktbarriere wirken Patente nicht nur durch das formale Verbot der Nutzung, sondern vor allem durch die Strukturierung von Handlungsräumen. Ein gut positioniertes Schutzrecht kann dazu führen, dass Wettbewerber technische Umwege gehen müssen – was Zeit, Ressourcen und Innovationspotenzial kostet. Besonders wirkungsvoll ist diese Funktion, wenn nicht ein einzelnes Patent, sondern ein aufeinander abgestimmtes Portfolio – ein koordinierter Patentportfolio-Ansatz relevante technologische Felder abdeckt (Hall und Ziedonis 2001).

Zu unterscheiden ist dabei zwischen der direkten Barrierewirkung, also dem tatsächlichen Verbot der gewerblichen Nutzung, und der indirekten Barrierewirkung, die allein durch die Existenz eines Schutzrechts. Viele Patente werden nie vor Gericht durchgesetzt. Ihre Wirkung entfaltet sich trotzdem, weil Wettbewerber das Risiko eines Rechtsstreits scheuen und lieber eigene, alternative Lösungswege suchen. Diese strategische Abschreckung ist oft wertvoller als jede gerichtliche Auseinandersetzung (Somaya 2012).

Praxisbeispiel 1: Mobilfunkstandards und Patentportfolios
Unternehmen wie Qualcomm, Ericsson, Nokia und Samsung verfügen über umfangreiche Patentportfolios im Bereich Mobilfunktechnologien (LTE, 5G), die zentralen Aspekte wie Modulationsverfahren, Kanalcodierung, Synchronisation, Energieeffizienz und Fehlerkorrektur abdecken. Einzelne Patente können technisch oft umgangen werden; in der Summe entsteht jedoch ein dichtes Schutzrechtsnetz, das die gesamte Technologielandschaft strukturiert und den Markteintritt neuer Akteure beeinflusst (Bekkers et al. 2011).

Viele dieser Patente gelten als Standard-Essential Patents (SEPs), da ihre Nutzung für die Implementierung bestimmter technischer Standards zwingend erforderlich ist. SEP-Inhaber sind verpflichtet, diese Patente zu FRAND-Bedingungen *(fair, reasonable, and non-discriminatory)* zu lizenzieren – ein Mechanismus, der sicherstellen soll, dass standardkonforme Produkte von allen Marktteilnehmern entwickelt und vertrieben werden können, ohne durch einzelne Patentinhaber blockiert zu werden. Die rechtlichen Rahmenbedingungen für FRAND-Lizenzierungen wurden maßgeblich durch das EuGH-Urteil *Huawei ./. ZTE* (C-170/13, 2015) geprägt, das einen konkreten Verhaltensrahmen für Verhandlungen zwischen SEP-Inhabern und potenziellen Lizenznehmern etablierte (Contreras 2015). Um die Transparenz und Effizienz der SEP-Lizenzierung weiter zu verbessern, legte die Europäische Kommission im April 2023 einen Verordnungsvorschlag vor, der unter anderem ein Essentialitätsregister und ein verpflichtendes Schlichtungsverfahren für FRAND-Streitigkeiten vorsieht (European Commission 2023). Dieser Vorschlag befindet sich derzeit im Gesetzgebungsverfahren.

Die strategische Bedeutung von SEPs liegt nicht nur in der rechtlichen Absicherung, sondern auch in der Gestaltung von Wettbewerbsbedingungen, da ein gut abgestimmtes Portfolio die Innovations- und Verhandlungsposition eines Unternehmens stark beeinflussen kann (Bekkers et al. 2011; Contreras 2015).

Exkurs: Das Gebrauchsmuster als schnelle Alternative

Neben dem Patent existiert im deutschen Recht ein weiteres technisches Schutzrecht, das für Ingenieure und KMU von erheblicher praktischer Bedeutung sein kann: das Gebrauchsmuster. Es wird häufig als „kleines Patent" bezeichnet, unterscheidet sich vom Patent jedoch in mehreren wesentlichen Punkten.

Das Gebrauchsmuster wird beim DPMA eingetragen – nicht erteilt. Das bedeutet: Es findet keine inhaltliche Prüfung auf Neuheit und erfinderischen Schritt statt. Die Eintragung erfolgt in der Regel innerhalb weniger Monate und die Kosten sind überschaubar gering. Die Schutzdauer beträgt maximal zehn Jahre (gegenüber zwanzig Jahren beim Patent). Verfahren sind vom Gebrauchsmusterschutz ausgenommen – geschützt werden nur Erzeugnisse, also körperliche Gegenstände und Stoffe (§ 1 GebrMG).

Der fehlenden Prüfung steht ein entscheidender Vorteil gegenüber: Geschwindigkeit. Während ein Patent beim DPMA typischerweise drei bis vier Jahre bis zur Erteilung benötigt, ist ein Gebrauchsmuster oft innerhalb von zwei bis vier Monaten eingetragen. Für Unternehmen, die kurzfristig eine Schutzposition aufbauen müssen – etwa vor einer Messepräsentation oder einem geplanten Markteintritt – kann das Gebrauchsmuster eine taktisch wertvolle Ergänzung zum Patent sein.

Ein weiterer strategischer Aspekt: Das deutsche Recht erlaubt eine sogenannte Abzweigung aus einer Patentanmeldung (§ 5 GebrMG). Aus einer laufenden Patentanmeldung kann ein Gebrauchsmuster abgezweigt werden, das den Prioritätstag der ursprünglichen Patentanmeldung behält. Dies ermöglicht es, schnell ein eingetragenes Schutzrecht zu erhalten, während die Patentprüfung noch läuft – etwa um in einer konkreten Verletzungssituation handlungsfähig zu sein.

Allerdings ist die fehlende Prüfung ein zweischneidiges Schwert: Ein Gebrauchsmuster, das einer inhaltlichen Überprüfung nicht standhält (etwa weil die Erfindung doch nicht neu war), kann im Streitfall gelöscht werden. Es bietet daher keine Rechtssicherheit im engeren Sinne, sondern eine schnelle, kostengünstige Schutzposition, die im Einzelfall überprüft werden muss. Für eine fundierte Entscheidung zwischen Patent, Gebrauchsmuster oder einer Kombination beider Instrumente ist die Beratung durch einen Patentanwalt empfehlenswert.

3.3 Das Patent als Verhandlungsmasse und Frühwarnsystem

Patente stellen handelbare Rechte dar, die lizenzierbar, verkaufbar oder verpfändbar sind. Sie dienen als strategische Verhandlungsmasse: So können Unternehmen mit überlappenden Patentportfolios Cross-Licensing-Vereinbarungen schließen und sich gegenseitig Nutzungsrechte einräumen, anstatt kostspielige Rechtsstreitigkeiten auszutragen. Dieses Vorgehen ist insbesondere in technologieintensiven Branchen weit verbreitet und macht ein umfangreiches Patentportfolio oft zur Eintrittskarte für industrielle Kooperationen (Somaya 2012; Hall und Ziedonis 2001).

Darüber hinaus fungieren Patente als Frühwarnsystem, da sie systematisch Einblicke in die Technologieentwicklung von Wettbewerbern liefern. Zwar gibt es aufgrund der 18-monatigen Offenlegungsfrist einen zeitlichen Verzug, dennoch ermöglicht die systematische Beobachtung von Patentanmeldungen, Technologietrends und Innovationsschwerpunkte frühzeitig zu erkennen – häufig Jahre bevor entsprechende Produkte den Markt erreichen. Für die strategische Planung und Innovationssteuerung ist dieser Informationsvorsprung von erheblichem Wert (Harhoff et al. 2003; OECD 2009).

Fünf Thesen zu Kap. 3

1. Patente verraten, woran Wettbewerber arbeiten, lange bevor es der Markt anzeigt. Wer Patentdatenbanken ignoriert, verzichtet auf die detaillierteste öffentlich zugängliche Technologie-Intelligence überhaupt.
2. Kein Anwalt kann erkennen, was für den Erfinder technische Substanz besitzt und welche strategischen Potenziale dahinterstehen.
3. Ein Patent ist kein Schutzschild, sondern eine Positionsmarkierung. Es sagt: Hier investieren wir, hier beanspruchen wir Gestaltungshoheit – unabhängig davon, ob es je durchgesetzt wird.
4. Die gefährlichste Funktion von Patenten ist die, die kaum jemand nutzt: das Frühwarnsystem. Wer Anmeldungen systematisch beobachtet, sieht Marktverschiebungen oft Monate vor allen anderen.
5. Patente sind das einzige Wettbewerbsinstrument, das gleichzeitig schützt, informiert, positioniert und verhandelt. Wer nur eine dieser Funktionen nutzt, zahlt den vollen Preis für einen Bruchteil des Werts.

4 Patente im Innovationsprozess: zu spät, zu früh oder genau richtig?

Der Zeitpunkt, zu dem sich ein Unternehmen mit dem Thema Patente befasst, ist häufig entscheidender als die juristische Ausgestaltung im Detail. In der Praxis scheitern viele Patentstrategien nicht an fehlender Originalität oder mangelndem Budget, sondern an falschem Timing. Das Paradoxe dabei: Der Fehler ist in dem Moment, in dem er gemacht wird, meist nicht sichtbar. Er wird erst Jahre später spürbar – wenn eine wichtige Anmeldung nicht mehr möglich ist oder ein Wettbewerber das Feld bereits besetzt hat.

Eine Analogie aus dem Ingenieuralltag macht das greifbar: Patente verhalten sich wie Fundamentarbeiten im Bauprojekt. Niemand sieht sie, wenn das Gebäude steht. Aber wenn sie fehlen, lässt sich das später nicht mehr korrigieren, ohne das gesamte Projekt zu gefährden. Der Unterschied: Ein fehlendes Fundament fällt beim ersten Sturm auf. Ein fehlendes Patent fällt erst auf, wenn der Wettbewerber kommt.

4.1 Ein Denkmodell: Technikreife versus IP-Reife

Effektives Patent- und Innovationsmanagement setzt nicht nur technologisches Know-how voraus, sondern auch ein strategisch bewusstes Verständnis unterschiedlicher Reifegrade im Innovationsprozess. Zentral ist dabei die Unterscheidung zwischen **Technikreife** und **IP-Reife:** Während die Technikreife den technischen Entwicklungsfortschritt einer Lösung abbildet, von der ersten Idee über den funktionsfähigen Prototyp bis zur Markt- oder Produktionsreife, beschreibt die IP-Reife, inwieweit schutzwürdige Aspekte einer Innovation bereits identifiziert, dokumentiert und strategisch priorisiert wurden, bevor eine Patentanmeldung erfolgt (Wustmans et al. 2019).

M. Süß, *Patente strategisch nutzen*, essentials,
https://doi.org/10.1007/978-3-658-52849-2_4

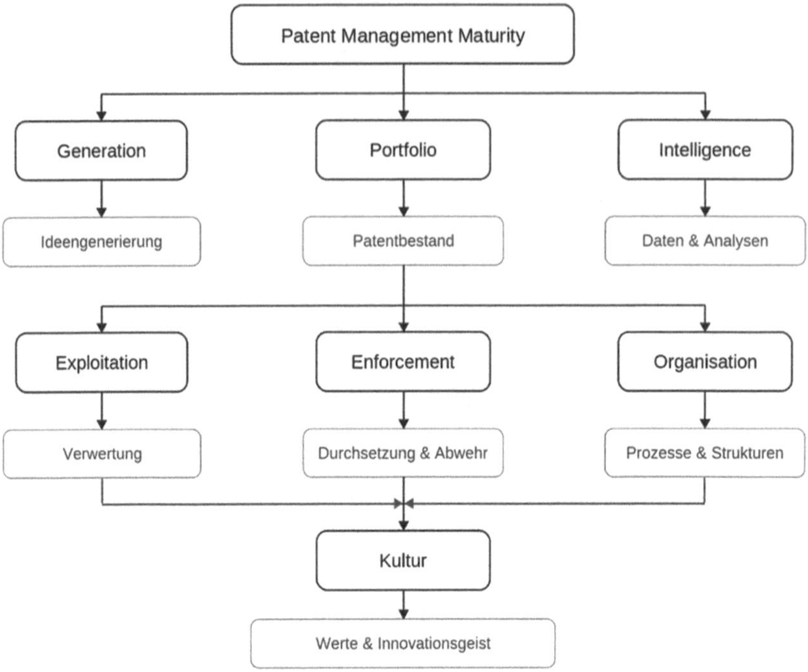

Abb. 4.1 7D Patent Management Maturity Model. (Eigene Darstellung in Anlehnung an Moehrle et al. 2017)

Einen strukturierten Bezugsrahmen für diese integrierte Betrachtung bietet das **7D Patent Management Maturity Model** (vgl. Abb. 4.1), das Sieben Dimensionen des Patentmanagement-Reifegrads definiert:

Portfolio, Generation, Intelligence, Exploitation, Enforcement, Organisation und *Kultur*. Es verdeutlicht, dass professionelles Patentmanagement nicht allein aus juristischer Kompetenz erwächst, sondern aus dem Zusammenspiel organisationaler Fähigkeiten entlang aller Dimensionen (Moehrle et al. 2017). Beide Reifegradkonzepte lassen sich dabei als eng verknpft verstehen: Die IP-Reife einer einzelnen Erfindung duerfte mageblich davon mitgeprgt sein, wie ausgeprägt die relevanten organisationalen Fähigkeiten im Sinne des 7D-Modells sind – insbesondere die Dimensionen *Generation*, *Portfolio* und *Intelligence*.

In der Praxis verlaufen Technikreife und IP-Reife häufig asynchron: Die technische Entwicklung schreitet typischerweise schneller voran als die systematische IP-Arbeit, sodass Patentanmeldungen oft erst dann erfolgen, wenn Lösungen bereits weitgehend ausgereift oder öffentlich präsentiert wurden. Dies gefährdet

Schutzrechte und mindert strategische Potenziale (Rivette und Kline 2000). Aus Perspektive des 7D-Modells laesst sich die Asynchronität als ein Symptom eines niedrigen organisationalen Reifegrads deuten– vor allem in der *Generation*-Dimension, die bestimmt, ob schutzwürdige Aspekte einer Erfindung frühzeitig erkannt und zum richtigen Zeitpunkt zur Anmeldung geführt werden.

Die Patent- und Innovationsforschung begegnet dieser Herausforderung mit reifegradbasierten Modellen, die technische und IP-bezogene Fähigkeiten systematisch verknüpfen. Solche Ansätze ermöglichen es, Chancen und Risiken frühzeitig zu erkennen und Patentstrategien gezielt entlang des technologischen Reifeprozesses zu entwickeln (Wustmans et al. 2019). Das 7D-Modell liefert dabei nicht nur einen deskriptiven Rahmen, sondern kann zugleich organisationale Hebel aufzeigen, mit denen die beschriebene Lücke zwischen Technik- und IP-Reife systematisch geschlossen werden kann.

4.2 Patente in der Forschung und Entwicklung

In der frühen Forschungs- und Entwicklungsphase steht weniger die Ausarbeitung perfekter Patentschriften im Vordergrund als vielmehr die Entwicklung eines Bewusstseins für potenziell schutzwürdige Innovationen (Generation). Technische Fachkräfte sollten mögliche Erfindungen frühzeitig erkennen und systematisch dokumentieren, etwa durch strukturierte Erfindungsmeldungen oder interne Innovationsprotokolle (Kultur). Zwar wird nicht jede Idee die Voraussetzungen der Patentierbarkeit erfüllen, doch ohne eine solche systematische Erfassung kann wertvolles Innovationspotenzial verloren gehen, bevor es überhaupt bewertet werden kann (Somaya 2012).

Steckbrief – Erfindungsmeldung

1. Bezeichnung der Erfindung (Arbeitstitel)
2. Beteiligte Erfinder (mit jeweiligem Anteil am erfinderischen Beitrag)
3. Technisches Problem: Was wird gelöst und warum ist das relevant?
4. Technische Lösung: Wie wird das Problem gelöst? (Kernmerkmale)
5. Vorteile gegenüber bekannten Lösungen
6. Bisherige Offenlegungen: Wurden bereits Publikationen, Vorträge, Kundenpräsentationen oder Messeauftritte durchgeführt?
7. Geplante Offenlegungen: Stehen Messen, Paper-Einreichungen, Produktlaunches bevor?
8. Bekannter Stand der Technik: Relevante Patente, Paper, Wettbewerberprodukte

Eine solche strukturierte Erfassung bildet die Grundlage sowohl für die interne Bewertung als auch für ein effizientes Briefing an den Patentanwalt (vgl. Kapitel 9).

Zentrale Fragen in dieser frühen Phase betreffen insbesondere die Neuheit und den erfinderischen Beitrag einer technischen Lösung. Dazu gehört die Einschätzung, inwiefern sich eine Idee vom bekannten Stand der Technik unterscheidet und welche technischen Merkmale den eigentlichen Innovationsgehalt ausmachen. Ebenso kann es strategisch sinnvoll sein, bereits alternative Lösungsansätze mitzudenken, die ebenfalls schutzfähig sein könnten und später in einer breiteren Patentstrategie berücksichtigt werden (Granstrand 1999; Somaya 2012).

Besondere Bedeutung kommt in dieser Phase auch dem sorgfältigen Umgang mit Informationen zu. Öffentliche Präsentationen, Messeauftritte, wissenschaftliche Konferenzvorträge oder auch informelle Gespräche mit potenziellen Kunden können unbeabsichtigt schutzrelevante Inhalte offenbaren. Da für die Patentierbarkeit grundsätzlich Neuheit erforderlich ist, kann eine vorzeitige Offenbarung die Möglichkeit einer Patentanmeldung erheblich beeinträchtigen. Daher wird empfohlen, eine Patentanmeldung möglichst **vor jeder öffentlichen Kommunikation** einzureichen oder zumindest bewusst zu entscheiden, welche Aspekte offengelegt werden und welche vertraulich bleiben.

Merksatz
Die Patentanmeldung muss zwingend vor jeder Form der Veröffentlichung erfolgen – sei es durch Messepräsentationen, wissenschaftliche Publikationen, Produktvorstellungen oder auch informelle Gespräche ohne Geheimhaltungsvereinbarung. Im europäischen Patentrecht gibt es – anders als im US-amerikanischen Recht mit seiner zwölfmonatigen „grace period“ – keine generelle Neuheitsschonfrist. Eine einzige vorzeitige Offenbarung kann den Patentschutz unwiderruflich vernichten.

4.3 Patente in der Produktentwicklung und im Scale-up

In der Produktentwicklungsphase entscheidet sich häufig, ob ein Unternehmen seine technologische Position aktiv gestaltet oder lediglich auf Marktbewegungen reagiert. In dieser Phase werden aus ersten Konzepten konkrete technische Lösungen und aus Prototypen marktfähige Produkte. Gleichzeitig steigt jedoch das

Risiko, dass potenziell schutzwürdige Innovationen im operativen Entwicklungsalltag übersehen werden. Um diesem Risiko zu begegnen, empfiehlt die Literatur zum Innovations- und Patentmanagement strukturierte IP-Review-Prozesse, bei denen regelmäßig überprüft wird, welche technischen Entwicklungen seit der letzten Bewertung patentierungsrelevant sein könnten. Solche systematischen Bewertungen helfen, schutzfähige Aspekte frühzeitig zu identifizieren und rechtzeitig in eine Patentstrategie zu integrieren (Somaya 2012; WIPO 2024).

Besonders deutlich werden die Folgen patentstrategischer Entscheidungen häufig erst in der Scale-up-Phase. Wenn ein Produkt in die Serienfertigung übergeht und sich im Markt etabliert, treten häufig auch Wettbewerber mit ähnlichen technischen Lösungen auf. Zu diesem Zeitpunkt ist es jedoch meist zu spät, um grundlegende Schutzrechte nachträglich aufzubauen, da zentrale technische Merkmale bereits veröffentlicht oder im Markt sichtbar geworden sind. Versäumnisse in der frühen IP-Strategie können sich daher erst später als kostspielige Wettbewerbsnachteile bemerkbar machen. Maßnahmen, die in der Forschungs- und Entwicklungsphase noch eine geringe Investition erfordert hätten, etwa frühzeitige Patentanmeldungen oder systematische Patentanalysen, werden in späteren Entwicklungsphasen häufig zu teuren oder kaum noch lösbaren Problemen (Hall und Harhoff 2012; OECD 2009).

Praxisbeispiel 2: Patente im Produktentwicklungsprozess

Ein mittelständisches Unternehmen entwickelt ein tragbares medizinisches Diagnosegerät mit einem neuartigen Sensorprinzip. Typische Timing-Fehler in diesem Szenario: Das Unternehmen wartet ab, bis das Gerät marktreif ist – in der Zwischenzeit hat ein Wettbewerber eine ähnliche Technologie zum Patent angemeldet. Oder: Das Unternehmen patentiert überstürzt zu früh, ohne den Kern der Erfindung klar definiert zu haben, und patentiert an der später in den Markt gebrachten Erfindung vorbei, sodass das marktfähige Produkt nur mäßigen Schutz erfährt. Dadurch können Wettbewerber das bestehende Patent umgehen.

Die erfolgreiche Gegenstrategie: Bereits in der Konzeptphase werden die technischen Kernaspekte identifiziert, die den wesentlichen Fortschritt gegenüber bekannten Lösungen ausmachen. Diese werden priorisiert angemeldet. Parallel läuft eine Wettbewerbsrecherche in Patentdatenbanken. Patente werden von Beginn an in Entwicklungsmeetings besprochen – nicht als Agenda-Punkt am Ende, sondern als integrierter Teil des Entwicklungsprozesses.

Fünf Thesen zu Kap. 4

1. Die meisten Patente scheitern nicht am Amt – sondern daran, dass man Monate zu spät anfängt. Timing ist eine strategische Frage.
2. Wer erst patentiert, wenn das Produkt fertig ist, patentiert zugunsten des Wettbewerbs. Was zu diesem Zeitpunkt öffentlich bekannt ist, lässt sich nicht mehr schützen.
3. Technikreife und IP-Reife entwickeln sich nie von selbst synchron. Wer das nicht aktiv steuert, hat immer entweder zu früh oder zu spät gehandelt.
4. Die größten Gestaltungsspielräume entstehen genau dann, wenn die Unsicherheit noch hoch ist. Wer auf Klarheit wartet, wartet zu lang.
5. Patente sind keine Meilensteine am Ende des Innovationsprozesses – sie sind sein strategisches Rückgrat. Wer sie nachträglich ergänzt, repariert, was sich nicht mehr reparieren lässt.

5 Die Rolle von Ingenieuren und Gründern im Patentprozess

Patente entstehen nicht erst im juristischen Raum, sondern im technischen und unternehmerischen Kontext. Externe Patentanwälte können formulieren – sie können jedoch nicht entscheiden, was strategisch relevant ist und warum. Die Verantwortung für die inhaltliche und strategische Qualität von Patenten lässt sich nicht auslagern. Sie liegt bei denjenigen, die eine Technologie wirklich verstehen: den Ingenieuren, die sie entwickeln, und den Gründern, die ein Geschäftsmodell darauf aufbauen.

Das bedeutet nicht, dass Ingenieure zu Patentexperten werden müssen. Es bedeutet, dass sie eine grundlegende Patentliteralität entwickeln sollten: ein Verständnis dafür, was Patentierbarkeit bedeutet, welche Fragen relevant sind und wie sie die Zusammenarbeit mit einem Patentanwalt produktiv gestalten können. Diese Kompetenz ist kein Luxus – sie ist eine Grundvoraussetzung für wirksame IP-Arbeit.

5.1 Was Ingenieure wissen müssen – ohne Patentanwälte zu sein

Zentral ist das Verständnis dessen, was eine Erfindung im patentrechtlichen Sinne ausmacht. Gemäß §§ 1–5 PatG bzw. Art. 52–57 EPÜ muss eine Erfindung neu sein, auf erfinderischer Tätigkeit beruhen und gewerblich anwendbar sein. Neuheit bedeutet, dass die Erfindung nicht zum Stand der Technik gehört – also nicht vorveröffentlicht ist. Erfinderische Tätigkeit bedeutet, dass die Erfindung für einen Fachmann nicht naheliegend gewesen wäre. Gewerblich anwendbar bedeutet, dass die Erfindung auf einem gewerblichen Gebiet hergestellt oder genutzt werden kann.

M. Süß, *Patente strategisch nutzen*, essentials,
https://doi.org/10.1007/978-3-658-52849-2_5

Reine Entdeckungen, mathematische Methoden, abstrakte Geschäftsmethoden sind grundsätzlich nicht patentierbar (§ 1 Abs. 3 PatG) – wohl aber technische Lösungen, die auf solchen Prinzipien aufbauen.

Ein weiteres wichtiges Element ist das Bewusstsein für Offenlegungsrisiken. Präsentationen auf Konferenzen, Veröffentlichungen in Fachzeitschriften, Gespräche mit potenziellen Kunden oder Lieferanten – all das kann ungewollt schutzrelevante Informationen preisgeben und damit die Patentierbarkeit gefährden. Ingenieure sollten verstehen, wann eine Geheimhaltungsvereinbarung (NDA – Non Disclosure Agreement) sinnvoll ist und wann eine Anmeldung vor der Kommunikation nach außen zwingend erforderlich ist.

Darüber hinaus sollten Ingenieure die Grundstruktur einer Patentschrift kennen: den Unterschied zwischen Ansprüchen (die den Schutzumfang definieren), Beschreibung (die die Erfindung erläutert) und Zeichnungen (die der Veranschaulichung dienen). Nur wer diesen Aufbau versteht, kann ein Briefing erstellen, das einem Patentanwalt erlaubt, einen wirksamen Anspruchssatz zu formulieren.

Exkurs: Das Arbeitnehmererfindungsrecht ArbnErfG

Für Ingenieure in Anstellungsverhältnissen ist ein weiterer rechtlicher Rahmen von unmittelbarer praktischer Bedeutung: das Gesetz über Arbeitnehmererfindungen (ArbnErfG). Dieses Gesetz regelt, wem eine Erfindung gehört, die im Rahmen eines Arbeitsverhältnisses entsteht, und welche Pflichten und Rechte sich daraus für beide Seiten ergeben.

Arbeitnehmer, die eine Erfindung machen, die aus ihrer Tätigkeit im Betrieb oder maßgeblich auf Erfahrungen oder Arbeiten des Betriebs beruht, sind gesetzlich verpflichtet, diese Erfindung dem Arbeitgeber unverzüglich schriftlich zu melden (§ 5 ArbnErfG). Seit der Reform des ArbnErfG im Jahr 2009 gilt eine Diensterfindung als vom Arbeitgeber in Anspruch genommen, sofern dieser sie nicht innerhalb von vier Monaten nach ordnungsgemäßer Meldung schriftlich freigibt (§ 6 Abs. 2 ArbnErfG). Mit der Inanspruchnahme gehen alle Rechte an der Erfindung auf das Unternehmen über. Im Gegenzug steht dem Erfinder eine angemessene Vergütung zu (§ 9 ArbnErfG), deren Höhe sich nach dem wirtschaftlichen Wert der Erfindung, der Stellung des Arbeitnehmers im Betrieb und dem Anteil des Betriebs am Zustandekommen der Erfindung richtet.

Für die Praxis bedeutet dies zweierlei: Erstens müssen Ingenieure wissen, dass sie eine Meldepflicht haben – eine Erfindung zu verschweigen oder ohne Rücksprache mit dem Arbeitgeber eigene Schutzrechte anzumelden, kann arbeitsrechtliche Konsequenzen haben. Zweitens sollten Unternehmen klare interne Prozesse für Erfindungsmeldungen etablieren, um sicherzustellen, dass schutzwürdige Innovationen frühzeitig erkannt und bewertet werden können (Bartenbach und Volz 2019).

5.2 Die besondere Rolle von Gründern

Für Start-ups sind Patente oft weniger ein Schutzinstrument als ein Signal. Sie zeigen Investoren und Partnern, dass ein Unternehmen seine technologische Substanz verstanden und strategisch eingeordnet hat. In der Frühphase, in der ein Start-up kaum Ressourcen hat, ein Patent durchzusetzen, kann allein die Existenz eines Schutzrechts die Verhandlungsposition erheblich stärken – gegenüber Investoren ebenso wie gegenüber potenziellen Erwerbern (Graham et al. 2009; Hall 2019).

Gründer stehen dabei vor einer besonderen Herausforderung: Sie müssen schnell Entscheidungen treffen, ohne die volle Informationslage zu haben. Die Frage „Sollen wir jetzt schon patentieren?“ lässt sich nicht pauschal beantworten. Sie hängt ab vom Reifegrad der Technologie, vom Wettbewerbsumfeld, von der geplanten Finanzierungsstrategie und vom Zeithorizont des Unternehmens. Was feststeht: Wer die Frage gar nicht stellt, trifft die schlechteste Entscheidung.

In erfolgreichen Organisationen ist IP kein isolierter Prozess, sondern ein Querschnittsthema. Die besten Ergebnisse entstehen, wenn Entwicklung, Geschäftsführung und IP-Beratung regelmäßig im Austausch sind – nicht, wenn ein externer Anwalt einmal jährlich beauftragt wird, den Status zu dokumentieren (Moehrle et al. 2017).

Praxisbeispiel 3: Der Erfinder, der zu spät kam

Ein Maschinenbauingenieur entwickelt im Rahmen seiner Tätigkeit bei einem mittelständischen Zulieferer eine neuartige Dämpfungslösung für Präzisionswerkzeuge. Er erkennt das Potenzial, meldet die Erfindung aber nicht intern, weil er annimmt, die Lösung sei zu speziell für ein Patent. Stattdessen präsentiert er die Ergebnisse auf einer Fachkonferenz. Zwei Jahre später möchte sein Arbeitgeber die Technologie patentieren lassen: unmöglich, die Neuheit ist durch die Konferenzveröffentlichung zerstört. Der Ingenieur hätte gemäß § 5 ArbnErfG die Erfindung melden müssen, der Arbeitgeber hätte sie in Anspruch nehmen und rechtzeitig anmelden können. Stattdessen nutzt ein asiatischer Wettbewerber die veröffentlichte Lösung und entwickelt sie weiter. Zwei Fehler, eine Ursache: fehlendes Bewusstsein für IP-Prozesse auf Ingenieurebene.

Fünf Thesen zu Kap. 5

1. Wenn der Patentanwalt entscheiden soll, was schützenswert ist, hat das Unternehmen schon verloren. Juristische Expertise ersetzt kein technisches und unternehmerisches Urteilsvermögen.
2. IP ist Ingenieursarbeit, kein Verwaltungsvorgang. Wer eine Erfindung verantwortet, trägt implizit auch Verantwortung für deren strategische Positionierung.
3. Patente entstehen im Gespräch zwischen Technik und Strategie. Ohne aktive Einbindung technischer Fachkräfte bleibt IP-Arbeit reaktiv und oberflächlich.
4. Ingenieure müssen keine Patente schreiben – aber sie müssen wissen, welche Fragen sie stellen müssen. Das ist der Unterschied zwischen einem Patent, das schützt, und einem, das nur Akten füllt.
5. Gründer, die IP verdrängen, riskieren nicht nur Nachahmung – sie riskieren ihre Verhandlungsposition bei jeder zukünftigen Finanzierungsrunde. Ein fehlendes Patent lässt sich nicht mehr nachträglich in die Due Diligence einbauen.

Von der Idee zur IP-Strategie (ohne Juristensprache) 6

Das Einzelpatent ist die kleinste Einheit im IP-System. Es schützt eine konkrete Erfindung für einen definierten geografischen Raum. Die Patentfamilie erweitert diesen Schutz: Sie umfasst mehrere verwandte Schutzrechte – nationale Anmeldungen in verschiedenen Ländern, Weiterentwicklungen der ursprünglichen Idee, Abzweigungen für spezifische Anwendungsbereiche. Erst die IP-Strategie hebt den Blick und betrachtet das gesamte Portfolio im Kontext von Geschäftsmodell, Marktposition und Unternehmenszielen.

Der Übergang vom Einzelpatent zur Strategie ist kein formaler Schritt, sondern ein Perspektivwechsel. Es geht nicht mehr um die Frage „Ist diese Erfindung patentierbar?" – sondern um die Frage „Welche Schutzrechte brauchen wir, um unsere strategischen Ziele zu erreichen?" Das erfordert keine juristische Expertise, aber es erfordert strategische Klarheit über das eigene Geschäftsmodell und die relevanten Wettbewerbsdynamiken (Granstrand 1999; Somaya 2012).

6.1 Strategische Zielsetzungen: Abschrecken, Blockieren, Lizenzieren, Exit

Empirische Studien zu Patentmotiven in Deutschland zeigen, dass Unternehmen Patente selten primär zur gerichtlichen Durchsetzung nutzen, sondern ein breites Spektrum strategischer Ziele verfolgen: Schutz vor Nachahmung, Aufbau von Verhandlungsmacht, Reputationssignalisierung und die gezielte Blockade von Wettbewerbern. Die relative Bedeutung dieser Motive variiert erheblich nach Unternehmensgröße, Branche und Geschäftsmodell. Aufbauend auf der in der Literatur etablierten Patentstrategietypologie lassen sich in der Praxis vier strategische

M. Süß, *Patente strategisch nutzen*, essentials,
https://doi.org/10.1007/978-3-658-52849-2_6

Zielsetzungen unterscheiden, die hier um eine Exit-Perspektive ergänzt wurden (Blind et al. 2006; Somaya 2012)

Abschreckung ist besonders in frühen Marktphasen relevant, wenn ein Unternehmen seine Technologieposition noch aufbaut. Ein breites Portfolio signalisiert aktive Präsenz und erhöht das wahrgenommene Risiko für potenzielle Nachahmer – oft ohne dass es jemals zu einer gerichtlichen Auseinandersetzung kommt.

Blockieren verfolgt eine offensivere Logik: Durch gezielte Schutzrechtsanmeldungen werden technologische Felder für Wettbewerber unzugänglich gemacht oder erheblich erschwert. Dies betrifft nicht nur die eigene Kerntechnologie, sondern auch angrenzende Entwicklungsrichtungen, die für Dritte strategisch attraktiv wären.

Lizenzieren macht Technologie zum Geschäftsmodell. Unternehmen mit aktiv lizenzierten Schutzrechten erzielen damit direkte Erlöse – als ergänzende Einnahmequelle oder als primäres Geschäftsmodell. Voraussetzung ist ein kohärentes, klar dokumentiertes Portfolio, dessen Wert für potenzielle Lizenznehmer nachvollziehbar kommunizierbar ist.

Exit-Vorbereitung bedeutet, das IP-Portfolio von Beginn an mit Blick auf eine mögliche Akquisition oder Börsennotierung zu gestalten. Für Start-ups ist dies oft die unmittelbar relevanteste Perspektive: Welche Schutzrechte würde ein potenzieller Erwerber als werthaltig einschätzen – und schützen sie den Kern des Geschäftsmodells auf eine für Dritte bewertbare Weise?

Geografische Priorisierung: Wo anmelden?

Eine häufig unterschätzte strategische Frage betrifft die geografische Reichweite des Patentschutzes. Ein Patent gilt nur in den Ländern bzw. Regionen, in denen es angemeldet und erteilt wurde. Die Entscheidung, in welchen Märkten Schutz beantragt wird, ist daher unmittelbar geschäftsrelevant – und sollte nicht allein vom Patentanwalt, sondern von der Geschäftsführung getroffen werden.

Drei Kriterien helfen bei der Priorisierung: Erstens die eigenen Absatzmärkte – wo wird das Produkt verkauft oder soll künftig verkauft werden? Zweitens die Produktionsstandorte der Wettbewerber – ein Patent im Herstellungsland eines Konkurrenten kann dessen Produktion direkt einschränken, selbst wenn das Produkt in Drittmärkten verkauft wird. Drittens potenzielle Lizenzierungsmärkte – wer könnte Interesse an einer Lizenz haben, und in welchen Ländern ist dieser Akteur tätig?

Für KMU und Start-ups mit begrenztem Budget empfiehlt sich häufig eine stufenweise Strategie: Zunächst eine nationale Erstanmeldung (z. B. beim DPMA), dann innerhalb der zwölfmonatigen Prioritätsfrist eine internationale PCT-Anmeldung, die bis zu 30 Monate nach dem Prioritätstag Zeit verschafft, um über den Eintritt in die nationale Phase in einzelnen Ländern zu entscheiden. Diese Frist kann genutzt werden, um Marktpotenziale zu evaluieren, Investoren zu gewinnen oder Lizenzgespräche zu führen – bevor die kostenintensiven Ländervalidierungen fällig werden (Granstrand 1999; WIPO 2024).

6.2 Von der Strategie zur Entscheidung

Eine wirksame IP-Strategie ist dann fertig, wenn sie Entscheidungen ermöglicht – nicht, wenn sie Optionen beschreibt. Sie muss konkrete Antworten liefern: Welche Technologiebereiche werden aktiv mit Schutzrechten belegt? Welche werden bewusst offengelassen, etwa um Standards zu beeinflussen oder Kooperationen zu ermöglichen? Welche geografischen Märkte sind prioritär? In welchem Zeitrahmen sollen welche Anmeldungen erfolgen?

Zu breite Patente fallen in der Prüfung durch oder werden im Streitfall für unwirksam erklärt – weil sie über den tatsächlichen erfinderischen Beitrag hinausgehen. Zu enge Patente schützen nur das Konkrete, nicht das Prinzip – und können von Wettbewerbern mit minimalen Modifikationen umgangen werden. Die Kunst liegt im bewussten Austarieren: ausreichend breit, um echten Schutz zu bieten, ausreichend präzise, um standzuhalten.

Praxisbeispiel 4: IP-Strategie eines Medizintechnik-KMU
Ein mittelständisches Unternehmen mit 85 Mitarbeitenden entwickelt ein neuartiges minimalinvasives Chirurgieinstrument mit einem patentierbaren Gelenkmechanismus. Die Geschäftsführung entscheidet sich, die IP-Strategie entlang der vier Zielsetzungen aufzubauen:

Abschrecken: Bereits in der Konzeptphase wird eine breite Erstanmeldung eingereicht, die nicht nur den konkreten Gelenkmechanismus, sondern auch drei alternative Ausführungsformen umfasst. Das Unternehmen kommuniziert die Anmeldung gezielt gegenüber Branchenkontakten. Das Signal ist klar: Dieses technologische Feld ist besetzt.

Blockieren: Während der Prototypenphase identifiziert das Entwicklungsteam, dass der Gelenkmechanismus auch für endoskopische Anwendungen einsetzbar wäre. Eine gezielte Nachanmeldung sichert dieses Nebenfeld ab und erhöht die Verhandlungsposition gegenüber größeren Wettbewerbern.

Lizenzieren: Nach der Markteinführung zeigt ein japanischer Medizintechnikkonzern Interesse am Gelenkmechanismus für eine eigene Produktlinie. Weil das Unternehmen die japanische Marktpräsenz nicht selbst aufbauen kann, wird eine exklusive Lizenz vereinbart. Die Lizenzeinnahmen refinanzieren die bisherigen Patentkosten innerhalb von zwei Jahren.

Exit-Vorbereitung: Drei Jahre später erhält das Unternehmen ein Übernahmeangebot. In der Due Diligence stellt der Erwerber fest, dass das Patentportfolio einen eigenständigen, bewertbaren Vermögenswert darstellt. Die Unternehmensbewertung fällt deutlich höher aus als bei vergleichbaren Wettbewerbern ohne Schutzrechte.

Dieses Beispiel zeigt, dass die vier Zielsetzungen keine isolierten Optionen sind, sondern bauen chronologisch aufeinander auf. Was als Abschreckung beginnt, kann sich über Blockade und Lizenzierung bis zur Exit-Vorbereitung entwickeln.

Fünf Thesen zu Kap. 6

1. Eine IP-Strategie, die kein Ingenieur versteht, ist keine Strategie – es ist Papierkram. Strategische Klarheit entsteht nicht durch juristische Vollständigkeit, sondern durch unternehmerische Zielsetzung.
2. Zu breite Patente fallen, zu enge werden umgangen. Die Kunst der IP-Strategie liegt im bewussten Austarieren – und das erfordert technisches wie strategisches Urteilsvermögen gleichzeitig.
3. Einzelpatente sind notwendig, aber nie ausreichend. Erst das Portfolio gibt ihnen Bedeutung – wie Buchstaben, die erst im Zusammenhang ein Wort ergeben.
4. Abschrecken, Blockieren, Lizenzieren, Exit – wer seine Patentstrategie nicht einer dieser Zielsetzungen zuordnen kann, hat keine Strategie. Er hat Schutzrechte gesammelt.
5. Die IP-Strategie besitzt Substanz, wenn sie Entscheidungen ermöglicht, nicht wenn sie Optionen beschreibt. Sie muss sagen: Das tun wir. Das nicht. Und warum.

7 Patente lesen lernen: Wettbewerber, Trends, Risiken

Patente sind vor allem eine Quelle für Wissen – offen zugänglich, systematisch strukturiert und in ihrer technischen Tiefe einzigartig. Patentdatenbanken gehören zu den größten frei zugänglichen technischen Wissenssammlungen der Welt, werden aber in vielen Unternehmen kaum genutzt. Der Grund dafür ist oft derselbe wie bei der Patentierungsfrage selbst: Man glaubt, dafür juristische Expertise zu benötigen. Das stimmt nicht. Patente lesen erfordert technisches Verständnis – aber kein Jurastudium.

Man könnte sagen: Patente lesen ist für Ingenieure das, was Bilanzen lesen für Controller ist. Man muss kein Steuerberater sein, um die wesentlichen Kennzahlen zu verstehen. Aber man muss wissen, wo man hinschaut und was die Zahlen bedeuten. Bei Patenten sind die Anspruchssätze das Äquivalent zur Gewinn- und Verlustrechnung: Sie zeigen, was wirklich zählt.

7.1 Aufbau einer Patentschrift

Jede Patentschrift folgt einem standardisierten Aufbau. Das Deckblatt enthält die wichtigsten bibliografischen Daten: Patentnummer, Anmelder, Erfinder, Anmeldetag, Prioritätstag, Patentklasse nach IPC oder CPC sowie den Titel der Erfindung. Der Abstrakt bietet eine kurze technische Zusammenfassung; er dient der Orientierung, ist aber für den rechtlichen Schutzumfang nicht maßgeblich.

Die **Beschreibung** bildet den technischen Kern des Dokuments: Sie erläutert das technische Gebiet, den Stand der Technik, die Problemstellung und die Erfindung selbst mit allen relevanten Ausführungsbeispielen. Für Ingenieure ist die Beschreibung oft der zugänglichste Teil einer Patentschrift, weil sie einer technischen

M. Süß, *Patente strategisch nutzen*, essentials,
https://doi.org/10.1007/978-3-658-52849-2_7

Dokumentation ähnelt. Sie muss die Erfindung so deutlich und vollständig offenbaren, dass ein Fachmann auf dem betreffenden Gebiet sie nacharbeiten kann (Art. 83 EPÜ). Was in der Beschreibung fehlt, kann später nicht mehr nachgetragen werden – die Beschreibung fixiert damit den technischen Informationsgehalt des Patents zum Anmeldetag.

Die **Patentansprüche,** auch Claims genannt, sind der rechtlich entscheidende Teil. Nur sie definieren den Schutzumfang gemäß § 14 PatG und Art. 69 EPÜ. Beschreibung und Zeichnungen dienen der Auslegung der Ansprüche, begründen aber keinen eigenständigen Schutz.

Wer Patente strategisch lesen will, muss vor allem die Ansprüche verstehen. Ein Patentanspruch ist dabei wie eine technische Spezifikation zu lesen: Jedes genannte Merkmal muss bei einem potenziell verletzenden Produkt verwirklicht sein, damit der Schutz greift. Was im Anspruch nicht genannt wird, ist nicht geschützt – unabhängig davon, wie ausführlich es in der Beschreibung erläutert wird.

Dabei ist zwischen **unabhängigen** und **abhängigen Ansprüchen** zu unterscheiden. Der unabhängige Anspruch – typischerweise Anspruch 1 – beansprucht den breitesten Schutz und enthält nur die Merkmale, die für die Abgrenzung vom Stand der Technik zwingend erforderlich sind. Je weniger Merkmale er enthält, desto breiter ist der Schutzumfang – aber desto anfälliger ist er auch für Einwände mangelnder Neuheit oder erfinderischer Tätigkeit. Die abhängigen Ansprüche (Anspruch 2, 3, 4 usw.) fügen jeweils weitere Merkmale hinzu und verengen damit den Schutzumfang schrittweise. Sie dienen als Rückfallpositionen: Wird der unabhängige Anspruch im Prüfungs- oder Einspruchsverfahren eingeschränkt, können Merkmale aus den abhängigen Ansprüchen in den Hauptanspruch aufgenommen werden, um den Schutz aufrechtzuerhalten.

Für die praktische Lektüre bedeutet das: Der unabhängige Anspruch zeigt, was das Patent im weitesten Sinne beansprucht. Die abhängigen Ansprüche zeigen, welche konkreten Ausführungsformen der Anmelder für besonders schutzwürdig hält. Die Beschreibung liefert den technischen Kontext, um beide zu verstehen.

Der Rechtsstand gibt Auskunft über den aktuellen Status des Patents: ob es noch anhängig, erteilt oder bereits erloschen ist, in welchen Ländern es Gültigkeit hat und welche Jahresgebühren gezahlt wurden. Diese Information ist strategisch wertvoll: Ein erloschenes Patent schützt nicht mehr – aber die darin beschriebene Technologie kann frei genutzt werden.

7.2 Patentrecherche als strategisches Instrument

Eine systematische Patentrecherche verfolgt unterschiedliche Ziele, je nach Fragestellung. Die **Freiheitsgrad-Analyse** (Freedom to Operate) prüft, ob ein geplantes Produkt oder Verfahren bestehende Schutzrechte verletzt. Diese Analyse ist besonders vor dem Markteintritt relevant – und kann erhebliche Risiken frühzeitig sichtbar machen. Die **Neuheitsrecherche** prüft, ob eine eigene Erfindung patentierbar ist. Die **Wettbewerbsrecherche** analysiert, welche Schutzrechte relevante Wettbewerber halten und in welche Richtung sie technologisch aktiv sind.

Für alle drei Zwecke gilt: Man muss kein Patentanwalt sein, um eine erste Orientierungsrecherche durchzuführen. Die freien Datenbanken bieten intuitive Suchfunktionen, und eine gezielte Suche nach Wettbewerbernamen, Technologieschlüsselwörtern oder IPC-Klassifikationen liefert bereits belastbare Ergebnisse. Eine professionelle Patentrecherche durch einen Fachmann bleibt für kritische Entscheidungen unersetzlich – aber das erste Screening kann intern erfolgen (Granstrand 1999; Jaffe und Trajtenberg 2002).

Praxisbeispiel 5: Patentanalyse – Elektrische Antriebssysteme
Ein Zulieferer analysiert systematisch Patentanmeldungen im Bereich elektrischer Antriebssysteme. Dabei zeigt sich: Etablierte Zulieferer melden regelmäßig Patente zu Kühlkonzepten für Leistungselektronik an. Der Trend verschiebt sich von passiven Kühlkörpern zu integrierter Flüssigkühlung und neuen Wärmeleitmaterialien. Diese Erkenntnisse erlauben es, eigene Entwicklungen auf bislang unbesetzte Nischen auszurichten und mögliche Schutzrechtskonflikte frühzeitig zu erkennen – ohne selbst ein Patent anzumelden. Die Analyse kostet einige Stunden internen Aufwand und liefert strategisch wertvolle Orientierung.

Fünf Thesen zu Kap. 7

1. Wer Patentdatenbanken nicht nutzt, lässt die umfangreichste kostenlose Technologie-Bibliothek der Welt ungeöffnet. Kein Marktforschungsbericht liefert vergleichbare technische Tiefe.
2. Ein Patent lesen bedeutet nicht, Recht zu verstehen – es bedeutet, Technik zu verstehen. Das ist keine juristische Kompetenz, sondern eine ingenieurtechnische.
3. Trends in Patentdatenbanken sind Trends der nächsten zwei bis drei Jahre. Wer heute analysiert, was heute angemeldet wird, sieht, was in wenigen Jahren auf dem Markt erscheint.
4. Patente zeigen nicht nur, was Wettbewerber schützen – sie zeigen, was sie für wichtig halten. Das ist strategisch oft wertvoller als das Patent selbst.
5. Wer Patente nur auf Verletzungsrisiken prüft, nutzt sie defensiv. Wer sie auf Lücken analysiert, nutzt sie offensiv. Der Unterschied entscheidet über die Innovationsrichtung.

Häufige Fehler in KMU und Start-ups 8

KMU und Start-ups agieren in einem Spannungsfeld aus begrenzten Ressourcen und hohem Innovationsdruck. Patentfragen konkurrieren mit Produktentwicklung, Vertrieb, Finanzierung und Personalaufbau um Zeit und Aufmerksamkeit. In diesem Kontext entstehen typische Denk- und Handlungsfehler, deren Konsequenzen oft erst mit erheblicher zeitlicher Verzögerung sichtbar werden – dann aber umso gravierender sind.

Das Muster ist in vielen Fällen identisch: Eine Entscheidung wird nicht bewusst getroffen, sondern durch Nichthandeln de facto gefällt. Das Ergebnis ist dasselbe wie bei einer bewussten Entscheidung gegen ein Patent – aber ohne die Abwägung, die eine informierte Entscheidung ausmacht. Wer die Konsequenzen kennt und sich dagegen entscheidet, handelt strategisch. Wer sie nicht kennt, handelt fahrlässig (Blind et al. 2006).

Ein Bild, das viele Ingenieure kennen, verdeutlicht das Muster: Es ist, als würde man eine Maschinenversicherung erst abschließen wollen, nachdem der Schadensfall eingetreten ist. Die Prämie wäre unbezahlbar gewesen, aber die Kosten des Schadens übersteigen sie um ein Vielfaches. Beim Patent kommt hinzu: Nach dem Schadensfall gibt es keine Versicherung mehr. Die Neuheit ist zerstört, der Schutz dauerhaft ausgeschlossen.

8.1 Die fünf häufigsten Fehler

„Das patentiert eh jemand anders.“ Diese Haltung führt zur stillschweigenden Aufgabe der eigenen technologischen Positionierung. Wer nicht prüft, was im eigenen Technologiefeld angemeldet wird, verliert die Kontrolle über die eigene

M. Süß, *Patente strategisch nutzen*, essentials,
https://doi.org/10.1007/978-3-658-52849-2_8

Handlungsfreiheit. Dabei ist die Recherche in Patentdatenbanken ein erster Schritt, der intern und ohne Lizenzkosten erfolgen kann.

„Das ist zu speziell für ein Patent." Spezialisierte Nischenlösungen sind oft wirtschaftlich besonders wertvoll – gerade, weil sie von Wettbewerbern nicht ohne Weiteres repliziert werden können. Ohne Schutzrecht wird die eigene Spezialisierung zu frei verwertbarem Nachahmungswissen: zugänglich für jeden, der die Lösung analysiert und weiterentwickelt.

„Das ist zu teuer." Diese Einschätzung ist fast immer unvollständig, weil sie nur die direkten Kosten der Patentierung berücksichtigt, nicht die mittelbaren Kosten des Verzichts. Nachahmung, Verhandlungsohnmacht und fehlende Attraktivität für Investoren sind reale wirtschaftliche Konsequenzen, die durch das Fehlen von Schutzrechten entstehen. Sie sind weniger sichtbar als eine Anwaltsrechnung – aber nicht weniger folgenreich.

„Das soll keiner wissen." Geheimhaltung als Schutzstrategie funktioniert nur, solange das Geheimnis tatsächlich geheim bleibt. Was sich durch legales Reverse-Engineering oder den Wechsel von Schlüsselmitarbeitenden erschließen lässt, ist kein dauerhaft belastbarer Wettbewerbsvorteil. Patentschutz und Geheimhaltung schließen sich nicht grundsätzlich aus – aber Geheimhaltung allein bietet keinen rechtlich durchsetzbaren Schutz.

„Das machen wir später." Dieser Aufschub ist der folgenreichste Fehler, weil er sich so plausibel anfühlt. Offenbarungen lassen sich nicht rückgängig machen: Was heute präsentiert, veröffentlicht oder am Markt eingeführt wird, gehört zum Stand der Technik – und ist damit dem Patentschutz dauerhaft entzogen.

Praxisbeispiel 6: Batterietechnologie-Start-up und Geheimhaltungsstrategie

Ein Start-up entwickelt ein neuartiges Batteriemanagement-Verfahren und entscheidet sich bewusst gegen eine Patentierung – aus Sorge, die Technologie durch die gesetzlich vorgeschriebene Offenlegung preiszugeben. Stattdessen wird die Technologie als Betriebsgeheimnis behandelt. Ein größerer Wettbewerber analysiert das Produkt durch legales Reverse-Engineering und meldet ein eigenes Patent auf das zugrunde liegende Verfahrensprinzip an.

Rechtliche Einordnung:

Das intern gehaltene Betriebsgeheimnis wurde nicht öffentlich zugänglich gemacht und gehört daher nicht zum Stand der Technik im Sinne von § 3 Abs. 1 PatG. Das Wettbewerberpatent ist somit nicht wegen fehlender Neuheit angreifbar – jedenfalls nicht unter Berufung auf das Betriebsgeheimnis des Start-ups.

Ein Anspruch auf Übertragung des Patents gemäß Art. 61 EPÜ setzt voraus, dass die Erfindung dem Anmelder widerrechtlich entnommen wurde. Bei legalem Reverse-Engineering ist diese Voraussetzung typischerweise nicht erfüllt, sodass dieser Rechtsbehelf im vorliegenden Fall kaum greift.

Das Geschäftsgeheimnisgesetz (GeschGehG) bietet ergänzenden Schutz gegen die unlautere Erlangung von Geschäftsgeheimnissen. Voraussetzung ist allerdings, dass das Unternehmen angemessene Geheimhaltungsmaßnahmen im Sinne von § 2 Nr. 1 GeschGehG nachweislich ergriffen hat – etwa durch dokumentierte Zugangskontrollen, vertragliche Geheimhaltungsvereinbarungen und technische Schutzmaßnahmen. Zudem schützt das GeschGehG nicht gegen die eigenständige Analyse eines frei am Markt verfügbaren Produkts: Reverse-Engineering ist nach § 3 Abs. 1 Nr. 2 GeschGehG grundsätzlich zulässig, sofern das Produkt rechtmäßig erlangt wurde.

Das Start-up sieht sich nun potenziell Unterlassungsansprüchen des Wettbewerbers ausgesetzt oder ist gezwungen, Lizenzen für eine Technologie zu erwerben, die es selbst entwickelt hat – sofern eine gütliche Einigung überhaupt möglich ist.

Das Vorbenutzungsrecht als letzte Verteidigungslinie:

Allerdings steht das Start-up nicht vollständig schutzlos da. § 12 PatG gewährt demjenigen ein Vorbenutzungsrecht, der eine Erfindung zum Zeitpunkt der Patentanmeldung eines Dritten bereits im Inland in Benutzung genommen oder die dafür erforderlichen Veranstaltungen getroffen hatte. In diesem Fall dürfte das Start-up die Technologie im Rahmen seines bestehenden Betriebs weiter nutzen – trotz des erteilten Wettbewerberpatents.

Dieses Recht ist jedoch eng begrenzt und bietet keinen vollwertigen Ersatz für ein eigenes Patent. Es erlaubt nur die Weiternutzung im bisherigen Umfang: Eine Ausweitung der Produktion über das bestehende Maß hinaus, eine Erweiterung auf neue Anwendungsgebiete oder die Lizenzierung an Dritte ist nicht gedeckt. Das Vorbenutzungsrecht ist zudem nicht separat übertragbar – es kann nur zusammen mit dem Betrieb übergehen, in dem die Vorbenutzung stattfand. Und es schützt nicht vor der strategischen Blockade zukünftiger Produktentwicklungen: Jede Weiterentwicklung, die über den Umfang der ursprünglichen Benutzung hinausgeht, fällt potenziell in den Schutzbereich des Wettbewerberpatents.

Darüber hinaus trägt das Start-up die Beweislast dafür, dass die Benutzung oder die entsprechenden Veranstaltungen tatsächlich vor dem Anmeldetag des Wettbewerberpatents stattfanden. Ohne sorgfältige Dokumentation – etwa durch datierte Laborjournale, Versuchsprotokolle, interne Präsentationen oder Lieferantenkorrespondenz – kann das Vorbenutzungsrecht praktisch nicht durchgesetzt werden.

Das Fazit dieses Szenarios ist eindeutig: Das Vorbenutzungsrecht bietet eine Notlösung, keine Strategie. Es sichert den Status quo, aber nicht die Zukunft. Das Start-up kann seine bestehende Produktion möglicherweise fortsetzen, verliert aber die Freiheit, die eigene Technologie weiterzuentwickeln, zu skalieren oder als Lizenz anzubieten. Genau die strategischen Optionen, die ein eigenes Patent eröffnet hätte – Abschreckung, Blockade, Lizenzierung, Exit-Vorbereitung –, stehen nun dem Wettbewerber zur Verfügung. Der eigentliche Schaden liegt nicht in der Gegenwart, sondern in den verschlossenen Zukunftsoptionen.

Fünf Thesen zu Kap. 8

1. Alle typischen Patentfehler haben dieselbe Wurzel: Patente werden als Ergebnis behandelt, nicht als Prozess. Wer erst ans Patent denkt, wenn die Entwicklung fertig ist, denkt zu spät.
2. Nicht zu patentieren ist eine Entscheidung – aber meist eine unbewusste. Das ist der eigentliche Fehler. Bewusster Verzicht kann sinnvoll sein. Unbewusster Verzicht ist immer ein Risiko.
3. „Zu teuer" ist fast nie das richtige Argument – denn der Verzicht auf Patente kostet ebenfalls. Er kostet Verhandlungsmacht, Optionen und im schlechtesten Fall das Geschäftsmodell.
4. Geheimhaltung ist keine Strategie, sondern eine Hoffnung. Was sich durch Reverse-Engineering von anderen erschließen lässt, lässt sich patentieren – von anderen.
5. Wer die Konsequenzen des Nicht-Handelns nicht kennt, hat keine Strategie – er hat nur Glück gehabt. Bewusstsein für Patentrisiken ist die Voraussetzung für jede sinnvolle Entscheidung, auch für die bewusste Entscheidung gegen ein Patent.

Kosten, Nutzen, Realität

9

Die Kostenfrage ist mit vielen Vorurteilen belegt. Patente gelten als teuer, langwierig und für kleine Unternehmen unerschwinglich. Diese Vorstellung ist in Teilen zutreffend – aber sie ist unvollständig, weil sie nur eine Seite der Rechnung betrachtet. Wer Patentkosten isoliert bewertet, ohne die strategischen Optionen dagegen zurechnen, die ein Schutzrecht eröffnet, trifft keine rationale Entscheidung. Er vermeidet nur eine Ausgabe, ohne die Konsequenzen des Verzichts zu kennen.

9.1 Was Patente tatsächlich kosten

Für eine erste nationale Patentanmeldung beim Deutschen Patent- und Markenamt beginnen die amtlichen Gebühren bei 40 € (Anmeldegebühr, Gebührennummer 311 000 der Anlage zu § 2 Abs. 1 PatKostG). Mit dem Prüfungsantrag kommen im Standardfall weitere 350 € hinzu; wird zusätzlich ein Rechercheantrag gestellt, erhöht sich dieser Betrag auf ca. 650 €. Inklusive externer Patentanwaltstätigkeit – die für eine qualitativ hochwertige Anmeldung dringend empfohlen wird – liegen die Gesamtkosten einer einfachen nationalen Erstanmeldung typischerweise bei 3000–5000 €. Eine europäische Anmeldung beim EPA kostet inklusive Anwaltskosten in der Regel 8000–20.000 €, eine internationale PCT-Anmeldung inklusive Anwaltskosten typischerweise 10.000–25.000 €. Für KMU, Einzelerfinder und Hochschulen bieten sowohl das EPA als auch das USPTO reduzierte Gebührensätze an, die die finanzielle Hürde erheblich senken können (DPMA Gebührenverzeichnis 2024; EPA Schedule of Fees 2024).

M. Süß, *Patente strategisch nutzen*, essentials,
https://doi.org/10.1007/978-3-658-52849-2_9

Tab. 9.1 DPMA-Jahresgebühren und kumulierte Amtsgebühren (Schutzjahre 1–20) ohne Rechercheantrag. Nur amtliche Gebühren (DPMA), ohne Patentanwaltskosten. Einmalige Gebühren: 40 € Anmeldung +350 € Prüfung = 390 € (PatKostG).

Schutzjahr	Jahresgebühr (€)	Kumuliert inkl. Einmalgebühren (€)
1	–	390 €
2	–	390 €
3	70 €	460 €
4	70 €	530 €
5	100 €	630 €
6	150 €	780 €
7	210 €	990 €
8	280 €	1270 €
9	350 €	1620 €
10	430 €	2050 €
11	540 €	2590 €
12	680 €	3270 €
13	830 €	4100 €
14	980 €	5080 €
15	1130 €	6210 €
16	1310 €	7520 €
17	1490 €	9010 €
18	1670 €	10.680 €
19	1840 €	12.520 €
20 (max.)	**2030 €**	**14.550 €**

Die jährlichen Aufrechterhaltungsgebühren steigen progressiv an: beim DPMA beginnend bei 70 € im dritten Jahr bis zu 2030 € im zwanzigsten und letzten Schutzjahr (vgl. (Tab. 9.1)). Ein Patent, das über die volle Laufzeit von 20 Jahren aufrechterhalten wird, kostet allein an amtlichen Jahresgebühren rund 14.160 € – zuzüglich der einmaligen Anmelde- und Prüfungsgebühren ergibt sich eine Gesamtbelastung von ca. 14.550 €, hinzu kommen etwaige Anwaltskosten für die Verwaltung und ggf. internationale Validierungsgebühren. Diese Kosten lassen sich modulieren: Wer ein Patent nur so lange hält, wie es strategisch relevant ist, und es danach fallen lässt, zahlt nur für den Zeitraum, in dem es tatsächlich Wert schöpft.

9.2 Was der Verzicht tatsächlich kostet

Patente sind keine kurzfristigen Renditeinstrumente, sondern langfristige Optionsgeber. Ihr Return on Investment zeigt sich weniger in jährlichen Kennzahlen als in strategischer Resilienz: der Fähigkeit, auf veränderte Marktbedingungen reagieren zu können, Verhandlungsmacht gegenüber Wettbewerbern und Partnern zu haben und Handlungsspielräume zu besitzen, die ohne Schutzrechte nicht existieren würden.

Die Kosten des Verzichts sind realer, aber schwerer zu quantifizieren: ein Wettbewerber, der die gleiche Lösung ohne Lizenzpflicht anbietet; eine Finanzierungsrunde, die scheitert, weil das IP-Portfolio als unzureichend bewertet wird; eine Akquisitionsverhandlung, in der der Unternehmenswert nach unten korrigiert wird, weil Kernkompetenzen nicht geschützt sind. Diese Kosten entstehen still – und oft dann, wenn es zu spät ist, gegenzusteuern.

Ein Patent, das nie vor Gericht landet, kann trotzdem entscheidend sein. Seine Wirkung entfaltet sich durch Existenz und Sichtbarkeit: als Signal, als Verhandlungschip, als Markierung des eigenen Territoriums. Wer das versteht, bewertet Patentkosten anders – nicht als Ausgabe für eine Leistung, sondern als Investition in strategische Flexibilität (Somaya 2012; Graham et al. 2009; Hall 2019; Czarnitzki et al. 2014).

Rechenbeispiel: Was kostet eine Patent-Triade über fünf Jahre?
Ein konkretes Kostenbeispiel verdeutlicht die Größenordnungen. Ein mittelständisches Unternehmen meldet eine Erfindung als Patent-Triade an: parallel in Deutschland (DPMA), Europa (EPA, validiert in DE, FR, GB, IT) und den USA (USPTO).

Nationale Erstanmeldung (DPMA): Anmeldekosten inkl. Anwalt ca. 5000 €, Jahresgebühren Jahre 3 bis 5 ca. 240 €. Zwischensumme: ca. 5250 €.

Europäische Anmeldung (EPA): Anmeldekosten inkl. Anwalt und Prüfungsgebühren ca. 15.500 €, Validierung in vier Ländern inkl. Übersetzungen ca. 8000 €, Jahresgebühren ca. 2000 €. Zwischensumme: ca. 25.500 €.

US-Anmeldung (USPTO): Anmeldekosten inkl. US-Anwalt ca. 10.000 $, Prüfungskosten ca. 3000 $, Aufrechterhaltung ca. 1600 $. Zwischensumme: ca. 14.600 $ (je nach aktuellem Wechselkurs).

Gesamtkosten der Patent-Triade über fünf Jahre: **ca. 44.000 €**.

Diese Summe klingt zunächst erheblich. Zum Vergleich: Ein einziger Messestand auf einer internationalen Fachmesse kostet ein mittelständisches Unternehmen typischerweise 15.000 bis 40.000 € – für vier Tage Sichtbarkeit. Die Patent-Triade bietet zwanzig Jahre Schutz in den drei wirtschaftlich wichtigsten Rechtsordnungen der Welt und sichert die Arbeit des Entwicklungsteams wirtschaftlich ab.

Entscheidend ist nicht die absolute Höhe der Kosten, sondern ihre Relation zum geschützten Wert. Wenn ein Patent die Kernkompetenz eines Unternehmens absichert, die für 30 bis 50 % des Umsatzes verantwortlich ist, stehen 44.000 € über fünf Jahre in einem völlig anderen Verhältnis als bei einer marginalen Produktverbesserung. Genau diese Abwägung – nicht die pauschale Aussage, das sei zu teuer – muss die Grundlage der Entscheidung sein.

Fünf Thesen zu Kap. 9

1. Patente sind teurer als gedacht, wenn man keine Strategie hat – und günstiger als befürchtet, wenn man eine hat. Kosten entstehen nicht durch das System, sondern durch fehlende Priorisierung.
2. Der ROI eines Patents lässt sich nicht in Quartalszahlen messen. Sein Wert liegt in Optionen, die man erst dann vermisst, wenn man sie nicht mehr hat.
3. Ein Patent, das nie vor Gericht landet, kann trotzdem entscheidend sein. Seine Wirkung entsteht durch Existenz und Sichtbarkeit, nicht durch Durchsetzung.
4. Kosten für Patente sind Investitionen in strategische Flexibilität. Wer das nicht so bewertet, vergleicht Äpfel mit Bilanzen.
5. Die teuerste Patententscheidung ist die, die man nicht getroffen hat. Fehlende Schutzrechte in einem entscheidenden Moment lassen sich nicht nachholen.

10 Zusammenarbeit mit Patentanwälten – effizient statt teuer

Patentanwälte sind spezialisierte Fachleute, die technische Inhalte in rechtlich belastbare Schutzrechte übersetzen. In Deutschland sind sie gemäß Patentanwaltsordnung (PAO) zugelassene Rechtsbeistände in Schutzrechtssachen, die sowohl eine technisch-naturwissenschaftliche Ausbildung als auch eine juristische Zusatzqualifikation im gewerblichen Rechtsschutz vorweisen müssen. Vor dem Europäischen Patentamt dürfen ausschließlich zugelassene Vertreter im Sinne von Art. 134 EPÜ auftreten, die eine besondere europäische Eignungsprüfung (European Qualifying Examination, EQE) bestanden haben. Vor dem DPMA besteht kein Anwaltszwang: Anmelder mit Wohnsitz oder Sitz in Deutschland können sich selbst vertreten oder einen Rechtsanwalt bzw. Patentanwalt beauftragen. In der Praxis macht jedoch die Komplexität einer strategisch wirksamen Anmeldung – insbesondere die Formulierung belastbarer Patentansprüche – die Einbindung eines Patentanwalts nahezu unverzichtbar, da dieser als einziger Berufsträger technische Beurteilungskompetenz mit patentrechtlicher Expertise verbindet.

Von allgemeinen Rechtsanwälten unterscheiden sich Patentanwälte in einem wesentlichen Punkt: Sie vereinen technische und juristische Kompetenz in einer Person. Im Erteilungsverfahren vor Patentämtern ist diese Doppelqualifikation entscheidend, da sowohl die technische Substanz der Erfindung als auch die rechtliche Tragfähigkeit der Ansprüche beurteilt werden müssen. Im Patentverletzungsstreit vor den Zivilgerichten arbeiten Patentanwälte typischerweise im Tandem mit Rechtsanwälten: Der Rechtsanwalt übernimmt die prozessuale Vertretung, der Patentanwalt steuert die technische Expertise und die patentrechtliche Argumentation bei (§ 143 Abs. 1 PatG).

M. Süß, *Patente strategisch nutzen*, essentials,
https://doi.org/10.1007/978-3-658-52849-2_10

Viele Unternehmen klagen über hohe Patentanwaltskosten. In der Regel ist die Ursache dafür jedoch nicht die juristische Komplexität der Arbeit, sondern die fehlende interne Klarheit, mit der ein Auftrag erteilt wird. Je mehr ein Patentanwalt rekonstruieren, nachfragen und interpretieren muss, desto teurer wird das Ergebnis – und desto schlechter wird es in der Regel.

10.1 Effizientes Briefing: Was ein Patentanwalt wirklich braucht

Die wichtigste Investition in eine kosteneffiziente Patentarbeit ist ein strukturiertes Briefing. Es sollte folgende Elemente enthalten: den strategischen Zweck des Patents (Produktschutz, Abschreckung, Lizenzierung, Exit-Vorbereitung), den geschäftlichen Kontext (Produkt, Zielmarkt, Wettbewerbsumfeld), die Problemstellung (welches technische Problem wird gelöst und warum ist das relevant), den Kern der Erfindung (was ist neu gegenüber bekannten Lösungen), denkbare Varianten und Alternativen sowie bekannte Vorentwicklungen und Stand-der-Technik-Dokumente.

Ein Patentanwalt, dem diese Informationen klar und vollständig vorliegen, kann effizient arbeiten: Er muss keine Stunden damit verbringen, die technische Substanz der Erfindung zu erschließen, und kann seine Expertise direkt auf die strategisch wichtigen Fragen lenken – die Formulierung eines möglichst breiten, aber standhaltenden Anspruchssatzes. Je klarer das Briefing, desto besser das Ergebnis – und desto geringer der Aufwand.

10.2 Die Rolle des Unternehmens in der Zusammenarbeit

Patentarbeit ist eine Managementaufgabe, keine juristische. Die Entscheidung, was schützenswert ist, welche Märkte prioritär sind und welchen strategischen Zweck ein Schutzrecht erfüllen soll, liegt beim Unternehmen. Der Patentanwalt übersetzt diese Entscheidungen in rechtlich wirksame Schutzrechte – aber er kann sie nicht treffen. Wer diese Rollenverteilung versteht, nutzt externe Expertise effizient und vermeidet, für Leistungen zu zahlen, die intern erbracht werden sollten.

Regelmäßige Abstimmung ist dabei wichtiger als sporadische Großaufträge. Ein Unternehmen, das seinen Patentanwalt quartalsweise über technische Entwicklungen informiert, erhält bessere strategische Beratung als eines, das nur dann Kontakt aufnimmt, wenn ein konkretes Problem entsteht. IP-Arbeit ist ein kontinuierlicher Prozess – kein einmaliges Projekt.

Steckbrief – Patent-Briefing

Strategischer Zweck: Produktschutz/Abschreckung/Lizenzierung/Exit-Vorbereitung

Geschäftlicher Kontext: Produkt, Zielmarkt, Wettbewerbsumfeld

Problemstellung: Welches Problem wird gelöst?

Kern der Erfindung: Was ist neu? Was unterscheidet sie von bekannten Lösungen?

Varianten: Alternativen, Vereinfachungen, Erweiterungen

Stand der Technik: Bekannte Lösungen, eigene Vorentwicklungen

Prioritäten: Zwingend zu schützen vs. optional

Budget & Zeitplan

Praxisbeispiel: Was ein schlechtes Briefing kostet

Das Negativmodell: Ein Start-up beauftragt einen Patentanwalt mit der Anmeldung einer Erfindung im Bereich Sensorik. Das Briefing besteht aus einer halbseitigen E-Mail und einem Datenblatt. Der Patentanwalt stellt Rückfragen, erhält verspätete, unvollständige Antworten und muss den technischen Kern der Erfindung in mehreren Gesprächen selbst rekonstruieren. Ergebnis: 14 Anwaltsstunden statt der üblichen 6 bis 8, eine Rechnung von 7000–8000 € statt ca. 3500–4000 €. Schwerwiegender noch: Die Patentansprüche sind zu eng formuliert, weil der Anwalt mangels klarer Information über die strategische Zielsetzung auf den konkreten Prototyp fokussiert hat, statt auf das zugrunde liegende Prinzip. Ein Wettbewerber umgeht das Patent später mit einer trivialen Modifikation.

Das Positivmodell: Ein anderes Start-up bereitet ein strukturiertes Briefing gemäß dem Steckbrief in diesem Kapitel vor. Der Patentanwalt erhält Problemstellung, Lösungskern, drei Varianten, bekannten Stand der Technik und die klare strategische Zielsetzung (Abschreckung plus spätere Lizenzierung). Er formuliert einen breiten unabhängigen Anspruch mit mehreren abhängigen Ansprüchen, die Varianten abdecken. Zeitaufwand: 7 h. Kosten: 3500 €–4000 €. Schutzumfang: erheblich breiter. Die Differenz entsteht nicht durch unterschiedliche Anwaltsqualität, sondern durch unterschiedliche Vorbereitung auf Unternehmensseite.

Fünf Thesen zu Kap. 10

1. Patentanwälte sind keine Kostentreiber – schlechte Vorbereitung ist es. Wer strukturiert brieft, spart mehr als er durch Stundensatzverhandlungen je erreichen würde.
2. Ein Patentanwalt ist so gut wie das Briefing, das er bekommt. Wer technische Tiefe, strategische Zielsetzung und Prioritäten nicht klar kommuniziert, bekommt ein formell korrektes, aber strategisch wirkungsloses Dokument.
3. Die teuersten Stunden beim Patentanwalt sind die, in denen er Fragen stellt, die intern hätten beantwortet werden sollen. Jede Unklarheit beim Briefing multipliziert sich im Verfahren.
4. Effizienz in der Patentarbeit entsteht nicht durch Minimierung externer Unterstützung, sondern durch maximale interne Klarheit. Das ist eine Führungsaufgabe, keine juristische.
5. Wer den Patentanwalt als verlängerten Arm der Entwicklungsabteilung begreift, zahlt mehr und bekommt weniger. Die Rollenverteilung ist klar: Das Unternehmen entscheidet, was wichtig ist. Der Anwalt übersetzt es in Schutzrecht.

11 Fazit: Patentdenken als Wettbewerbsvorteil

Dieses Essential hat einen Anspruch: Es soll zeigen, dass Patente keine Frage des Fachrechts sind, sondern eine des unternehmerischen Denkens. Wer die vorangegangenen Kapitel gelesen hat, wird festgestellt haben, dass die Kernfragen rund um Patente keine juristischen Fragen sind. Sie sind Fragen der Strategie, des Timings, der Kommunikation und der Priorisierung.

M. Süß, *Patente strategisch nutzen*, essentials,
https://doi.org/10.1007/978-3-658-52849-2_11

Was Sie aus diesem *essential* mitnehmen können

- Patente sind keine rein juristische Formalität, sondern ein strategisches Managementinstrument – die inhaltliche Verantwortung liegt bei Technik und Geschäftsführung, nicht bei der Rechtsabteilung.
- Der häufigste Patentfehler ist kein Rechtsfehler, sondern ein Timing-Fehler: Die Auseinandersetzung mit IP beginnt zu spät im Innovationsprozess.
- Technikreife und IP-Reife müssen synchron gesteuert werden. Die Patentanmeldung muss im europäischen Recht zwingend vor jeder Form der Veröffentlichung erfolgen.
- Ein strukturiertes Briefing an den Patentanwalt ist die wichtigste Einzelinvestition in kosteneffiziente IP-Arbeit.
- Patentdenken beginnt nicht mit einer Anmeldung, sondern mit einer Frage: Was an dem, was wir tun, ist wirklich neu – und was wäre es wert, dauerhaft zu sichern?

Patentdenken ist eine Haltung: die Bereitschaft, technologische Entwicklungen nicht nur aus der Perspektive des Machbaren zu betrachten, sondern auch aus der Perspektive des Schützenswerten, des Positionierbaren und des strategisch Relevanten. Diese Haltung lässt sich erlernen. Sie setzt kein Jurastudium voraus, aber sie setzt Neugier, Reflexionsbereitschaft und den Willen voraus, über den technischen Tellerrand hinauszublicken.

Patente schützen nicht automatisch vor Nachahmung. Sie garantieren keinen Markterfolg und keine Rendite. Aber sie eröffnen Optionen – Optionen, die ohne Schutzrecht nicht existieren. Und in einem Marktumfeld, das sich schnell verändert, sind Optionen eine der wertvollsten Ressourcen, die ein Unternehmen besitzen kann.

M. Süß, *Patente strategisch nutzen*, essentials,
https://doi.org/10.1007/978-3-658-52849-2

KMU und Start-ups, die Patente strategisch nutzen, sind keine Ausnahme mehr. Sie sind ein wachsendes Muster – in der Medizintechnik, im Maschinenbau, in der Softwarebranche, in der Energietechnik. Was sie verbindet, ist nicht ein größeres Budget, sondern eine andere Perspektive: Sie betrachten IP nicht als Kostenstelle, sondern als strategisches Kapital.

Diese Perspektive einzunehmen ist der erste und wichtigste Schritt. Alles andere – die Auswahl des richtigen Patentanwalts, die Entscheidung über Anmeldestrategie und geographischen Umfang, die Pflege des Portfolios – folgt daraus. Patentdenken beginnt nicht mit einer Anmeldung. Es beginnt mit einer Frage: Was an dem, was wir tun, ist wirklich neu – und was wäre es wert, dauerhaft zu sichern?

Das Patentsystem steht selbst vor einem Umbruch. Drei Entwicklungen werden in den kommenden Jahren prägen, wie Ingenieure und Gründer mit Schutzrechten arbeiten:

Erstens: Künstliche Intelligenz verändert sowohl die Erfindungstätigkeit als auch die Patentanalyse. KI-gestützte Systeme können heute Patentlandschaften in einem Bruchteil der Zeit analysieren, für die ein menschlicher Rechercheur Wochen benötigt. Gleichzeitig wirft die Frage, ob eine von einem KI-System generierte Lösung überhaupt patentfähig ist, grundlegende Fragen auf, die bislang weder vom EPA noch vom USPTO abschließend beantwortet wurden. Für Ingenieure bedeutet das: Die Werkzeuge der Patentanalyse werden mächtiger, aber die Anforderungen an die strategische Einordnung steigen.

Zweitens: Open Innovation und Open-Source-Modelle fordern das klassische Patentverständnis heraus. In Bereichen wie Softwareentwicklung, additiver Fertigung und Teilen der Biotechnologie setzen sich zunehmend offene Innovationsmodelle durch, in denen Wissen geteilt statt geschützt wird. Das bedeutet nicht, dass Patente in diesen Feldern irrelevant werden. Es bedeutet, dass Unternehmen bewusster entscheiden müssen, wo Schutz und wo Offenheit den größeren strategischen Vorteil bietet. Die Entscheidung zwischen Patentierung und bewusster Offenlegung wird zur regelmäßigen Managementfrage.

Drittens: Die zunehmende Fragmentierung von Patentportfolios in komplexen Technologiefeldern wie autonomem Fahren, Internet of Things oder Quantencomputing führt dazu, dass kein einzelnes Unternehmen alle relevanten Schutzrechte halten kann. Cross-Licensing, Patentpools und kollaborative IP-Strategien werden wichtiger. Für KMU und Start-ups eröffnet das Chancen: Wer über gezielte Schlüsselpatente verfügt, kann auch als kleiner Akteur Zugang zu Technologie-Ökosystemen erhalten, die ohne Schutzrechte verschlossen blieben.

Was sich nicht ändert, ist die Grundlogik. Wer technologische Innovationen wirtschaftlich nutzen will, muss frühzeitig entscheiden, wie er sie positioniert, schützt und kommuniziert. Die Werkzeuge und Rahmenbedingungen werden sich weiterentwickeln. Die Notwendigkeit strategischen Patentdenkens wird bleiben.

These 1: Patentdenken ist keine juristische Disziplin – es ist eine unternehmerische Haltung. Unternehmen, die das verinnerlicht haben, handeln vorausschauender, verhandeln souveräner und positionieren sich robuster.

These 2: Das größte Patentproblem in KMU und Start-ups ist kein Rechtsproblem – es ist ein Denkproblem. Wer Patente als Instrument begreift, nicht als Bürokratie, hat den entscheidenden Schritt getan.

These 3: Ein starkes Patentportfolio ist kein Beweis für Innovationskraft – aber ein schwaches ist oft ein Beweis für strategische Blindheit. Der Markt bewertet beides.

These 4: Patente sind keine Garantie für Erfolg. Aber sie sind eine der wenigen Möglichkeiten, Innovationsvorsprung dauerhaft zu sichern. Alles andere lässt sich kopieren.

These 5: Wer dieses Buch gelesen hat und danach noch glaubt, Patente seien ein juristisches Thema, hat es nicht gelesen. Patentdenken beginnt dort, wo juristische Reflexe aufhören.

Weiterführende Quellen und Literaturhinweise

Rechtliche Grundlagen und Verträge

Europäisches Patentübereinkommen (EPÜ). https://www.epo.org/law-practice/legal-texts/epc.html

Gesetz über Arbeitnehmererfindungen (ArbnErfG). https://www.gesetze-im-internet.de/arbnerfg/

Geschäftsgeheimnisgesetz (GeschGehG). https://www.gesetze-im-internet.de/geschgehg/

Leahy–Smith America Invents Act, Pub. L. No. 112–29, 125 Stat. 284 (2011).

Patent Cooperation Treaty (PCT), 28 UST 7645, 1160 UNTS 231 (1970).

Patentgesetz (PatG). https://www.gesetze-im-internet.de/patg/

Rechtsprechung

EuGH. (2015). *Huawei Technologies Co. Ltd ./. ZTE Corp.*, Rs. C-170/13, ECLI:EU:C:2015:477.

Wissenschaftliche Literatur

Arora, A., Fosfuri, A., & Gambardella, A. (2001). *Markets for technology: The economics of innovation and corporate strategy.* MIT Press.

Arrow, K. J. (1962). Economic welfare and the allocation of resources for invention. In R. R. Nelson (Hrsg.), *The rate and direction of inventive activity: Economic and social factors* (S. 609–626). Princeton University Press.

Bartenbach, K., & Volz, F.-E. (2019). *Arbeitnehmererfindungsgesetz: Kommentar* (6. Aufl.). Carl Heymanns Verlag.

M. Süß, *Patente strategisch nutzen*, essentials,
https://doi.org/10.1007/978-3-658-52849-2

Bekkers, R., Bongard, R., & Nuvolari, A. (2011). An empirical study on the determinants of essential patent claims in compatibility standards. *Research Policy*, *40*(7), 1001–1015. https://doi.org/10.1016/j.respol.2011.05.006

Blind, K., Edler, J., Frietsch, R., & Schmoch, U. (2006). Motives to patent: Empirical evidence from Germany. *Research Policy*, *35*(5), 655–672. https://doi.org/10.1016/j.respol.2006.03.002

Cohen, W. M., Nelson, R. R., & Walsh, J. P. (2000). *Protecting their intellectual assets: Appropriability conditions and why U.S. manufacturing firms patent (or not)* (NBER Working Paper No. 7552). National Bureau of Economic Research. https://doi.org/10.3386/w7552

Contreras, J. L. (2015). A brief history of FRAND: Analyzing current debates in standard setting and antitrust through a historical lens. *Antitrust Law Journal*, *80*(1), 39–120.

Czarnitzki, D., Hall, B. H., & Hottenrott, H. (2014). Patents as quality signals? The implications for financing constraints on R&D. *Economics of Innovation and New Technology*, *23*(3), 197–217. https://doi.org/10.1080/10438599.2013.871584

Encaoua, D., Guellec, D., & Martinez, C. (2006). Patent systems for encouraging innovation: Lessons from economic analysis. *Research Policy*, *35*(9), 1423–1440. https://doi.org/10.1016/j.respol.2006.07.004

Graham, S. J. H., Merges, R. P., Samuelson, P., & Sichelman, T. M. (2009). High technology entrepreneurs and the patent system: Results of the 2008 Berkeley Patent Survey. *Berkeley Technology Law Journal*, *24*(4), 1255–1328.

Granstrand, O. (1999). *The economics and management of intellectual property: Towards intellectual capitalism.* Edward Elgar.

Griliches, Z. (1990). Patent statistics as economic indicators: A survey. *Journal of Economic Literature*, *28*(4), 1661–1707.

Hall, B. H. (2019). Is there a role for patents in the financing of new innovative firms? *Industrial and Corporate Change*, *28*(3), 657–680. https://doi.org/10.1093/icc/dty074

Hall, B. H., & Harhoff, D. (2012). Recent research on the economics of patents. *Annual Review of Economics*, *4*, 541–565. https://doi.org/10.1146/annurev-economics-080511-111008

Hall, B. H., & Ziedonis, R. H. (2001). The patent paradox revisited: An empirical study of patenting in the U.S. semiconductor industry, 1979–1995. *RAND Journal of Economics*, *32*(1), 101–128.

Harhoff, D., Scherer, F. M., & Vopel, K. (2003). Citations, family size, opposition and the value of patent rights. *Research Policy*, *32*(8), 1343–1363. https://doi.org/10.1016/S0048-7333(02)00124-5

Holgersson, M., & Wallin, M. W. (2017). The patent management trichotomy: Patenting, publishing, and secrecy. *Management Decision*, *55*(6), 1087–1099. https://doi.org/10.1108/MD-03-2016-0172

Jaffe, A. B., & Trajtenberg, M. (2002). *Patents, citations, and innovations: A window on the knowledge economy.* MIT Press.

Kitch, E. W. (1977). The nature and function of the patent system. *Journal of Law and Economics*, *20*(2), 265–290.

Machlup, F. (1958). *An economic review of the patent system* (Study No. 15). U.S. Government Printing Office.

Moehrle, M. G., Walter, L., & Wustmans, M. (2017). Designing the 7D patent management maturity model – A capability based approach. *World Patent Information*, *50*, 27–33. https://doi.org/10.1016/j.wpi.2017.09.001

Nordhaus, W. D. (1969). *Invention, growth, and welfare: A theoretical treatment of technological change.* MIT Press.
Reitzig, M. (2004). Strategic management of intellectual property. *MIT Sloan Management Review, 45*(3), 35–40.
Rivette, K. G., & Kline, D. (2000). *Rembrandts in the attic: Unlocking the hidden value of patents.* Harvard Business School Press.
Somaya, D. (2012). Patent strategy and management: An integrative review and research agenda. *Journal of Management, 38*(4), 1084–1114. https://doi.org/10.1177/0149206312444447
Teece, D. J. (1986). Profiting from technological innovation: Implications for integration, collaboration, licensing and public policy. *Research Policy, 15*(6), 285–305. https://doi.org/10.1016/0048-7333(86)90027-2
Wustmans, M., van Reekum, R., & Walter, L. (2019). Survey of and modular construction possibilities for maturity approaches in the field of patent management. *World Patent Information, 57*, 8–17. https://doi.org/10.1016/j.wpi.2019.01.001

Institutionelle Quellen und Praxismaterialien

Deutsches Patent- und Markenamt. (2024). *Gebührenverzeichnis.* https://www.dpma.de/service/gebuehren/patente/index.html
European Commission. (2023). *Proposal for a Regulation of the European Parliament and of the Council on standard essential patents and amending Regulation (EU) 2017/1001* (COM(2023) 232 final). https://eur-lex.europa.eu/legal-content/EN/TXT/?uri=CELEX:52023PC0232
European Patent Office. (2024a). *Guidelines for Examination in the European Patent Office.* https://www.epo.org/law-practice/legal-texts/guidelines.html
European Patent Office. (2024b). *Schedule of fees and expenses.* https://www.epo.org/en/applying/fees/fees
OECD. (2009). *OECD patent statistics manual.* OECD Publishing. https://doi.org/10.1787/9789264056442-en
WIPO. (2024). *PCT applicant's guide.* World Intellectual Property Organization. https://www.wipo.int/pct/en/appguide/

Patentdatenbanken (frei zugänglich)

DEPATISnet (DPMA): https://www.depatisnet.dpma.de
Espacenet (EPA): https://www.epo.org/searching-for-patents/technical/espacenet.html
Google Patents: https://patents.google.com
PATENTSCOPE (WIPO): https://www.wipo.int/patentscope

FSC
www.fsc.org
MIX
Papier | Fördert
gute Waldnutzung
FSC® C083411

Kolibri 360 GmbH
Ferdinand-Jühlke-Straße 7
99095 Erfurt, Deutschland
produktsicherheit@kolibri360.de